JN289930

植民地教育の残痕

植民地教育史研究年報◉2003年………06

日本植民地教育史研究会

皓星社

植民地教育の残痕

2003　植民地教育史研究年報　第6号　目次

はじめに ……………………………………………年報第6号編集委員会　3

特集　小沢教育学の遺したもの
公開国際シンポジウム「小沢有作の植民地教育論を検討する」
　……………………………………………………………………佐野通夫　6
小沢有作の植民地教育論を検討する
　――日本帝国主義支配下の朝鮮における教育を中心に ……井上　薫　7
小沢植民地教育論の射程――AALA教育研究会に同座した者の立場から
　……………………………………………………………………柿沼秀雄　17
『在日朝鮮人教育論（歴史篇）』翻訳と小沢先生との出会い …李　忠浩　25

論文
朝鮮総督府編纂『普通学校国語読本』の研究
　――児童の「生活」に着眼した教材について ……………北川知子　34
戦後都立朝鮮学校にあらわれた問題点――戦後教育史の分岐点として
　……………………………………………………………………芳賀普子　53
新生南アフリカの教育制度と課題――教育の意味をめぐって
　……………………………………………………………………菊池優子　91

旅の記録
台南・安平墓地の墓誌と公学校修身書教材 ………………白柳弘幸　118
シンガポールの「体験」・「記憶」・「思慕」
　――元日本語学校生徒へのインタビューノートより ……樫村あい子　124

方法論の広場
植民地教育史研究の方法論と叙述に関するノート
　――目良誠二郎「オルタナティブと「和解」の歴史学・歴史教育を求めて」に触発されて
　……………………………………………………………………佐藤由美　132

書評
西尾達雄著『日本植民地下朝鮮における学校体育政策』…………井上　薫　142
竹中憲一著『大連　アカシアの学窓――証言　植民地教育に抗して』
　……………………………………………………………………渡部宗助　149

研究会の歩み
　　「植民地教育史研究」第13号、第14号……………………………………………… 158
編集後記 ……………………………………………………………………………… 176
著者紹介 ……………………………………………………………………………… 177

はじめに

植民地教育史研究年報第6号
編集委員会

　世界が強大国によって大きく政治的に植民地分割統治されていたのは20世紀の前半であった。その後、ほとんどの国々が独立を取り戻して、多くの国々ではその政治的な植民地統治の期間以上の時間が流れたが、植民地支配の、また植民地教育の残痕は決して消え去っていない。本号では植民地教育の残したものを特に日本のそれを中心として明らかにしたいと考えている（ちなみに日本植民地教育史研究会という名称は「日本の植民地教育史を研究する者の集まり」ではなく、「日本における植民地教育史研究者の集まり」ととらえている）。

　「特集　小沢教育学の遺したもの」は、日本植民地教育史研究会の2003年研究大会のシンポジウムの記録でもあるが、小沢有作が「植民地教育の残痕」に戦後早い時期から目を向け、主に日本統治下の朝鮮、在日朝鮮人、アフリカの植民地問題の研究を進めてきたことに注目し、小沢が植民地教育史研究の上に遺したものを特集として組んだ。

　すなわち、植民地支配があったことで教育学はどのような姿にならなければならなかったのか、またそのことを日本の教育学は十分にふまえることができたのか、そして植民地支配が民族の分断という形で残った朝鮮半島において、その教育学の紹介においても政治の壁が作られたこと、これも植民地支配の残痕であることを示し、なおかつそれを超えようとした研究者の姿を明らかにした。

　北川知子「朝鮮総督府編纂『普通学校国語読本』の研究」は、日本の植民地教育の教材をもとに、植民地教育の中心である民族の言語を奪い、他言語を押しつける姿について明らかにしている。

　芳賀普子「戦後都立朝鮮学校にあらわれた問題点」は最初に記したように

植民地支配がある一点において消え去ったのでなく、日本でいえば在日朝鮮人教育として継続している、しかもその残痕を超えようとする努力が存在することを示している。

菊池優子「新生南アフリカの教育制度と課題」は、最初に「多くの国々ではその政治的な植民地統治の期間以上の時間が流れた」と記したが、現実には支配の長短は国によって違い、早くから、また最近まで支配が継続した国もある。本稿では民主化後、すなわち有色人種にとって植民地的な状況が解消されてから10年を経ない南アフリカにおいて、その植民地教育の残痕をなくしていくために、どのように困難な苦闘を行なっているかを明らかにしている。

さらに植民地支配は終っても、人びとの体験の中から植民地支配は消えることはない。「旅の記録」として白柳弘幸「台南・安平墓地の墓誌と公学校修身書教材」、樫村あい子「シンガポールの「体験」・「記憶」・「思慕」」を掲載した。植民地時代の「物」は残ってしまっている。しかもそれが建造物、インフラであれば、植民地支配が近代化をもたらしたという論とされることすらある。しかし、植民地支配がなければ、各民族は各自の発展を遂げていたはずであるという比較や、仮定のできないはずの事実を植民地近代化論はあえて、無視している。そして「物」ではなく人びとの心の中に残ってしまったもの、これはどのようにしても消すことも、あるいは「近代化の装置」という変形を加えることもできないものである。

またこのような植民地教育史研究の方法論を「方法論の広場」として佐藤由美「植民地教育史研究の方法論と叙述に関するノート」として掲載した。「教育の世界」から「研究の世界」へ研究方法論に引きつけた問題提起である。

書評には日本植民地教育史研究会会員でもある西尾達雄と竹中憲一の著書『日本植民地下朝鮮における学校体育政策』、『大連　アカシアの学窓』をとりあげた。

本書を通じて、植民地支配とは、植民地教育とは何であったのかが、さらに深く明らかにされ、その残痕として残っているものが明らかにされ、それを克服する道筋が明らかにされていくことを望むものである。

特集　小沢教育学の遺したもの
公開国際シンポジウム
「小沢有作の植民地教育論を検討する」

公開国際シンポジウム
「小沢有作の植民地教育論を検討する」

　個人の研究についての検討を研究大会のシンポジウムとして行なうというのは、通例ではないことであるかもしれない。しかし、開催案内書（本書p.159参照）を見ていただければおわかりのように、日本植民地教育史研究会がその研究大会のシンポジウムにおいて、小沢有作の植民地教育論をとりあげたのは、小沢が日本植民地教育史研究会の呼びかけ人の一人であったという理由からだけではない。近代における植民地研究（教育研究を含む）は、常に政治のただ中におかれ、しかも日本の敗北後、植民地の解放後においてすら、日本の植民地であった朝鮮、台湾が分断国家として存立させられたことにより、現在にいたって、あいかわらず政治の中で翻弄されている。政治を無視することによっては日本における植民地教育史研究は存在し得ない。小沢は元植民地官僚から転身した植民地研究者ではない、当時まだ少数であった植民地研究者の最初の世代として研究を開始した。小沢の研究の展開は、すなわち戦後日本の植民地教育史研究のひとつの道を示しているということができる。そして小沢はどの立場の人びととも向き合おうとしていた。特に在日朝鮮人を尊重することを主張していた。開催案内書の末尾に記したように、主催者である私たちが、そのすべての立場の人（また小沢に批判的な人も）をシンポジストとして招き得たわけではないが、ここに報告されているとおり、小沢の研究の姿勢、その研究史において持った意味を明らかにし得たのではないかと考えている。ただし、司会の時間配分に問題があり、シンポジウムの会場ではほとんど討論の時間をとることができず、報告を深めていくことができなかったことを反省している。

（佐野通夫）

小沢有作の植民地教育論を検討する
———日本帝国主義支配下の朝鮮における教育を中心に

井上　薫*

(1) 報告担当の意味

　私への報告依頼の意味は「シンポジウム趣旨」で次のように説明されている[1]。

　(井上は)「<u>物理的には</u>小沢さんから<u>遠い場所</u>で、実証的な研究で朝鮮植民地の姿を明らかにされてきました。小沢さんは植民地教育の位置と意味に「日本帝国の教育構造の移植」という捉え方(前期小沢ゼミ報告)もしていますが、井上さんの実証的な研究から、教育総体、教育政策全体の枠組みを主な関心とされた<u>小沢さんの植民地教育の捉え方を検証</u>していただければと思います。」(下線は井上)

　正直なところ、シンポジウム報告の担当としては適任という自覚はなく、なぜ自分が指名されたのかほとんど納得できないまま引き受けてしまった。小沢研究の基盤を意識した研究を積み重ねてきたわけではなく、かつては北海道大学にいたので本は大学のものでたいてい間に合い、小沢氏の著書も個人的にはほとんど持っていなかった。研究会運営委員でシンポジウムの方向を決める会議に欠席した故、何か役割を引き受けねばならないだろうかという思いの方が大きかったが、強いていえば、引き受けたのには、こんな機会でもなければ自分なりに遠ざけていた小沢植民地教育論から学ぶこともないだろうという思いがあった。

　実は、1985年春、ほとんど準備もなく修士課程の受験を試みた時、指導教

---
*　釧路短期大学

員から小沢有作『民族教育論』（明治図書、1967年）を借りたが、消化不良のまま、これをのりこえる視点を出せず、最初の入試も不合格であった。しかし、少し勉強を進めた後に手にした旗田巍監修『日本は朝鮮で何を教えたか』（あゆみ出版、1987年）に、そのまま小沢氏の朝鮮研究部分が再録されたことへの違和感、換言すれば、『民族教育論』以後20年の研究を甘く見ているのではという思いを抱き、その後、ずっと『民族教育論』を遠ざけていた。その意味でも、小沢研究は自分とは遠い存在であった。

小沢有作氏との直接の出会いは、研究会の最初の研究集会（1998年3月）であった。研究集会のシンポジウムの報告者として初めて呼ばれ、「日本植民地教育史研究の蓄積と課題」について問題提起をした[2]。その後の懇親会でのことであった。

その第1回研究集会シンポジウムテーマの「趣旨」に出ていたのが戦後の植民地教育史研究者の"世代論"で、自分を含めたその時の提言者はすべて仮に「第三世代」と位置づけられていた。私は「教育政策やイデオロギーをフォローし、「反帝」の立場から植民地教育を批判」する「第一世代」の肩を持ち、自分は政策史一辺倒で研究を行ってきたが、"政策史と運動史"というような表面的対立の片方しか射程としていないかのような分けられ方、理解のされ方に反発し、政策史研究の意義や研究姿勢・立場の問題の重要性を提示し、支配の問題点を告発するタイプの政策史で何が悪いと開き直ったわけである。これが、「第一世代」の小沢氏に受けたようであった。

しかし、前に触れたように、自分自身の歩みの中では、ほとんど小沢氏の研究にはお世話になってこなかった。私自身は、年報1号にかつて掲載したように、植民地支配の暴力性を意識しながら教育政策史研究を続けてきており、具体的には、日本帝国主義の朝鮮における教育政策史、特に日本語普及・強制を対象として取り上げてきた。法令による強制のように表に出やすい形式とは違って、見えにくい通牒（通達）で実質的に行われていた「強制」や、結果としてその道や行為を選択せざるを得ない「構造」に関心を払ってきた。そのため、方法としては、法令制定の意図（審議過程や回想録）、例規集、公文書（総督府記録）、新聞・雑誌記事を中心に史料を調査してきたのである。

また、教育政策史ではあったが、日本語強制の方に関心が強かったので、研究を始めた当初から学校教育のみにとどまらない範囲で史料収集を行っていた。これは李相五論文[3]から影響を受けた。「物理的には……遠い場所」というの

は、問題関心や研究スタイルの違いなのかもしれない(4)。

（2）植民地教育政策の枠組み

　以上のようなわけで、自分のかかわる朝鮮における植民地教育史論に限定して論じた。取り上げるのは、『民族教育論』のうち「日本の植民地主義教育」（『民族教育論』Ⅱ部）とした。当日は、その構成と主な史料を別表で示したが、ここでは第1章「同化教育の歴史――天皇制教育の輸出の論理」の第3節1項のみを例示する(5)。

　　第3節　「朝鮮人タルノ観念」の抹殺政策　1　内地延長主義の登場
　　＊主な史料：原敬日記、弓削幸太郎（「朝鮮民族抹殺説」）、第二次朝鮮教育令、毎週教授時数、沢柳政太郎。
　　＊主要な論調：「第二次朝鮮教育令の特徴は、日本と同一の教育制度を採用し、「内鮮共学」を定めて、形式のうえで「一視同仁」を実現したことにある。しかし、その内実は、一方で「国語ヲ常用スルモノ（※×→者）」と「常用シナイモノ（※×→セザル者）」という規準で民族別学校制度をつづけて、日本人青少年と朝鮮人青少年のあいだに民族差別の観念をうえつけながら、他方では「国語ヲ常用シナイモノ（※×→セザル者）」の朝鮮人学校において「日本化」関係の教授にいっそうの重点をかけて、「亜日本人」の形成の強化をはかっているのである。」（77～78頁）、「六年制に延長された普通学校では、第一次教育令段階にくらべて①日本語の時間がふえて朝鮮語の時間がへり、②歴史、地理の時間がふえ、③あらたに低度実業教科が設けられていることがわかる（第3表参照）」（78頁）、「同化教育という形式をとる教育侵略がつねに日本国内の知識人の同意をえてきたことに、注意を払っておきたい。」（78頁）
　　※は井上注、（　）は『民族教育論』の頁数。

　改めての読後感としては、1）全体的に、各所で時代に特徴ある史料を用い、おおむね的確に評価している。が、2）あわせて物足りなさ、を感じた。また、3）取り上げられた史料のうち特徴的なものについて若干述べてみたい。

1）について

　小沢植民地教育論は、「第一世代」らしく、帝国主義批判、支配政策への批判が明解だという点で評価したい。この点は、研究を進めていく根源の部分における視点、視角として重要と考える。「評価の座標軸」、「評価の視座」を定める上で明解である。

　では、2）の物足りなさとは何か。

　例えば、政策担当者の発言、意図に関する史料について、総督、学務局長など、政策担当者の訓示や著作などから「特徴的」な一文を取り上げて、その「本質」を表現しようとしている。つまり、小沢氏の主張は、ほとんど解明されていなかった帝国主義の教育政策の問題を明確にするという意味と役割としては十分な働きがあった。

　ところで、史料選択ではなかなかよい目のつけ所をしているが、史料の限界なのか、「通史」のための禁欲なのか、もっと他にも史料群からわかることがあったはずだが、複数史料を駆使して一つの政策の問題点を吟味するという方法は採らなかった。

　小沢氏らの支配の大枠に対する方向づけに対して、その後、いくつか異論が個別の側面で提示されるようになった。例えば、政策の一側面は朝鮮人側が推進したものだとか、受容したものだとかいう提起であり、これは形を変え、今も続いている。政治や金の力に任せた根拠に乏しい植民地支配肯定論などは、これをエスカレートさせた形であると考える。これは、小沢氏らが端的に特徴づけた一文で本当にその時代や政策が表現できるのかという問題提起であるのかもしれない。

　私の研究方法が小沢氏から「遠い」のは、そうした次の段階の課題があり、詳細に時代状況を見極めた上で史実評価をしなくてはいけないという状況の変化の中で、その課題に見合った政策史研究を行う必要が生じていたことにある。ただし、小沢植民地教育史論の基調となる"帝国主義批判、支配政策への批判"は、やはり第1回研究集会シンポジウムで大森直樹氏も主張していた通り[6]、欠くことはできない重要な視点であり、今日、この支配の枠組みや支配の暴力性をもっと意識的に考慮して史実を検討しなければいけないのではと思う。

　3）用いられた史料の特徴について——興味深かったこと

　取り上げたテーマに対して、特徴的な史料を一つだけ選ぶということは相当に難しいものである。『民族教育論』でも、採録された「朝鮮における日本植

民地教育の歴史」（旗田巍監修『日本は朝鮮で何を教えたか』あゆみ出版）でも、第二次朝鮮教育令期（1922～1938年）の特徴づけの視点がたいへん興味深かった。「第3表」として掲げられたこの時期の「教科課程及び毎週教授時数（普通学校）」（『民族教育論』78頁、〈あゆみ出版〉70頁）である。この出典が明記されていないことが問題であるが、教育令による時期区分でありながらも、1922年時点の教授時数表を採用せず、1929年以降新たに必修化された「職業科」を掲載した教授時数表を掲げていたことに気づいた。

　私は別稿で、朝鮮総督府による1920年代の実業教育政策を論じた[7]。三・一独立運動直後の1922年時点で一時期だけ普通学校における実科教育（実業教育）が必修から外され、表面的に退くが、すぐに実体を取り戻し始め、1929年から「職業科」として必修化し定着した経緯がある。このことを考慮すると、第二次朝鮮教育令期全体を特徴付ける教授時数表を一つ選ぶとすれば、小沢氏の第3表が実業教育面でその特徴をよく捉えているということができる。説明なしに掲載したことにも問題が残るが、あえて1929年時点の教授時数表を選んだというのは実業教育（実際には普通学校ではほとんどが農業）が植民地教育の重要な柱であったことを了解した上でのことだったのだろう。

（3）小沢民族教育論の論理展開

〈大国主義意識と植民地支配〉

　『民族教育論』では、Ⅱ部第1、2章で朝鮮支配における教育関係の問題性を明らかにしたほか、同第3章では植民地教育の特徴、支配を支える本国の大国主義意識形成の教育を論じている[8]。

　この第3章で、小沢氏は、大国主義意識形成に本国日本の教育状況が果たした役割を検討し、宗主国義務教育の確立と就学率の安定の上に、国家主義教育方針の確立と検定・国定教科書制度が重なって、「大国主義意識」を作り出したことを論じた。小沢氏の指摘するこの「大国主義意識」は、一般庶民への国民教育と研究者の研究意識（大国の教育学説に追随する態度）を支え、朝鮮観へ大きな影響を及ぼしたとする。朝鮮教育研究が成立しなかったことも宗主国でのこの意識のためだったと論じた。

　これは、たいへん重要な指摘であり、宗主国でも植民地支配を下支えする構

造が作られていったこと、すなわち、自らの足下にある教育の歴史的問題構造にも踏み込み、しかもそれが蔑視的他民族観を作り出したという根源的問題に論及したのであった。この第3章を含む朝鮮研究部分の第1、2章をあわせて、『民族教育論』では、Ⅱ部「日本の植民地教育」全体を構成する。

〈大国主義意識との切り離し〉

　ところで、前述したように、『民族教育論』の朝鮮研究部分だけが切り離され、『日本は朝鮮で何を教えたか』(1987年)に採録された。再録にあたって、次に掲げる小沢氏本人の「追記」がある。

　　追記
　　　——この文章は新稿でなく、旧稿である。もとの所在は『民族教育論』(1967年、明治図書、絶版)である。それがここに置かれるようになった理由を説明しておきたい。朝鮮総督府編纂教科書を読むさい、その背景として、日本国家は朝鮮にたいしてどのような教育政策を採ってきたか、一通り知っておいたほうがよい。となれば、これを通史的にまとめた論文を置くことが必要になる。その論文は、日本人の責任で植民地教科書を覆刻し、解説書を出す以上、日本人の手に成るものが望ましい。こう考えて、朝鮮にたいする日本植民地教育政策の通史を描いた作品を探したのであるが、これが意外にない。日本では植民地教育研究は空白に近い状態がつづいているのである。(日本人による通史がなかったのはそのとおりであるが、「植民地教育研究は空白に近い状態」というのは疑問：井上注)止むをえず旧稿を取りだして再読してみると、教育面において日本が朝鮮にたいして何をやったかという点に限るかぎり、発端から終焉まで一通り書いており、最低限の基礎知識を提供しているように思ったので、あえて再録することにした[9]。

　本国での大国主義教育とセットになって、小沢民族教育論が生きる。にもかかわらず、分割してしまった。これはいただけない。

(4) 小沢民族教育論の今日的なメッセージ

〈『民族教育論』の衝撃〉

浅学で視野も狭い私が、朝鮮支配部分だけから重箱の隅をつついても『民族教育論』のみに対してさえ正当な評価を下し得ないので、『民族教育論』をその時代の中、リアルタイムで読み、真っ当な価値を感じた方々の声を、小沢氏への追悼文の中から拾ってみた。

　　時代が大きく《経済》に従属を始め、日本の戦争責任、平和、人間や民族の尊厳、マイノリティの悲しみや怒り……、といったものへの関心や思いが、日本人社会から急激に衰退していくころの、あれは怒りの作品です[10]。

　　1967年は『民族教育論』を携えて、あなたが東京都立大学にさっそうと立ち現れた時です。出会いは衝撃でした。それまで教育の歴史の主人公として扱われることのなかったアジアやアフリカの教育世界、支配と抑圧を被ってきた民族や人種・民衆の教育世界から、「アジアにおける日本の教育の位置と性質」をあぶり出す鮮烈な内容と闘いの書でしたから。同時にそれは、私が初めて目にした植民地教育論であり、第三世界教育論でもありました[11]。

時代を見る目、アジア・アフリカを見る目、被支配・抑圧された立場から教育の世界を考え直すことにたいへん画期的な意味を持っていたのだろうと想像できる。

報告では取り上げなかったが、同じ『民族教育論』では、インドにおける植民地教育と独立の教育へ目を向け、研究対象とした理由に、「「独立の教育」は、自らには奴隷意識の克服、支配国国民にその大国主義思想を克服する教育を求める。……おなじくアジアの被抑圧民族がほりおこし、つくりだした諸価値を見抜き、認める〈目〉を失わされてきた。……こうした脱亜の姿勢を直していかねばならない」（139頁）と主張している箇所がある（「植民地と教育――インドにおける侵略の教育と独立の教育」）。大国主義思想により重要な「諸価値」に気づけなくなってはいないか、と常に現状を少数者の立場から批判的に「見抜」くことの重要性を、今日の研究者に対して示しているように思われる。

〈多文化主義≠民族共生教育〉

　また、被抑圧者の立場からの研究は、その初期から在日朝鮮人の民族教育の諸課題と結びついており[12]、近年でも、在日朝鮮人の戦後教育史と絡めて、日本国内の民族学校に対する諸規制の廃止を求める提言も行っていた[13]。

「民族教育」への視点について、当日の報告では、高賛侑氏の「多文化主義は、同化と分離主義のいずれも拒否し、「多様性の中の統一」をより高い次元で追求することを最終目的としている(14)」という考え、換言すれば、「るつぼ」ではなく、それぞれは形を変形されず、個性を発揮する「サラダボウル」という提言を紹介した。小沢有作氏も「戦後50年と朝鮮学校」(注(13)参照)で「民族共生教育」という言葉を用いており、「サラダボウル」のイメージがわかりやすく、現象的に似ているのではないかと早合点したためであった。シンポジウム後の夜は参加者の宿所が同じであったので「シンポジウムの続き」が広間の各所でなされたが、芳賀普子氏からこの高賛侑の多文化主義と小沢有作の民族共生教育論は背景が異なることを教えられた(15)。改めて、「戦後50年と朝鮮学校」を読み返してみると、小沢氏本人の言葉で「民族共生教育」が次のように説明されていた。

　　戦後50年、在日朝鮮人教育とかかわる諸闘争のなかで、日本にひとつの新しい教育思想が誕生しつつあるように思います。これは日本自生のものですから、よそで生まれた言葉を借用して、たとえば多文化教育などと称するより、自前の言葉を発明して用いるほうがよいでしょう。私はそれを「民族共生教育」と名づけています(16)。

小沢氏がこの論文で自ら紹介した「朝鮮学校を守る教育運動」などへの長年のかかわりのなかから、「民族共生教育」が生み出されたと解釈できる。

(5) 残された課題について

　在日朝鮮人の教育問題への論及とかかわりが小沢氏の大きな業績であるのだが、私自身の力量不足・不勉強のため、この報告では対象とできなかった。
　朝鮮関係の問題に対するその他の論調については、例えば、『民族解放の教育学』(1975年)に収められている「朝鮮における教育思想の形成——教育における古いものと新しいものとの闘い(17)」で、小沢氏が朝鮮民主主義人民共和国の革命指導者の教育論について論じたものがある。報告では若干取り上げたが、支配と被支配の関係から脱却する独立の教育の位置づけであったため、ここでは割愛した。
　その他、小沢氏の『民族教育論』には、報告では取り上げなかったが、例え

ば、「植民地と教育——インドにおける侵略と独立の教育」でも、「暴力による支配過程は、反面にインド支配者層の懐柔の過程をともなわなければ、完成したものにならない」（141頁）、インド人支配者層との社会的・文化的摩擦をさけ、すすんで親英・政府協力の心理的条件をつくりだすために、インド古典文化を尊重する教育をすすめようとする立場をとり、キリスト教宣教活動には抑圧的態度、イギリス人東インド会社勤務者にはインドの大衆語の修得を命じる政策を行っていたこと（141～142頁）、キリスト教西洋文化の優越性とインド蔑視という大国主義の思惟様式など、支配の暴力性と被支配民族の分割統治、被抑圧民族の支配を正当化する宗主国の大国主義意識の形成が密接に関連するというⅡ部に共通する支配構造の大枠が示されている。アジア、アフリカ、ラテン・アメリカ、黒人など被差別者への視野は広く、相互の関連や比較研究の余地はあろうが、こちらのにわか勉強ではさしあたり太刀打ちできそうもない。

　また、広くアジア・アフリカへの視点を持っているという関連で、シンポジウムの討論の場では、上原専祿などと比較した小沢植民地教育史論の位置づけがどうなっているかの答を求められたが、これも結局、検討することができなかった。

　最後に、小沢氏が常に持ち続けた、日本帝国主義の侵略・支配への批判的姿勢の重要性を今一度強調して稿を終えたいと思う。

【注】

（１）「〈公開国際シンポジウム〉『小沢有作の植民地教育論を検討する』」『植民地教育史研究』第13号、2003年2月25日、2頁。
（２）報告は、後日加筆修正し、井上薫「『日本帝国主義の朝鮮に対する教育政策』研究の視座」（『植民地教育史像の再構成』植民地教育史研究年報01、皓星社、1998年）として出した。
（３）李相五「舊韓末開化期의 日本語流入過程에 對하여」『人文研究』第8輯第1号、嶺南大学校人文科学研究所、1986年8月。
（４）当日は、自分の研究から〈自分の場合——強制の構造と背景〉という項目を設けて、次のような個別な場面を提示し、史料を紹介しながらスタイルの違いを示したが、ここでは省略する。1）義兵との闘いのため配置された憲兵警察と日本語普及のかかわり（1912～13年頃の江原道）、2）1937年2月、朝鮮総督府内務局長談話の意味（1935年以降の道会における通訳廃止の状況）、3）初等学校における朝鮮語廃止の初期段階と校長人事（1938年の翌年春の状況）。

（5）小沢有作著『民族教育論』のⅡ部の朝鮮研究部分の第1、2章の項目を次に掲げる。
　　第1章　同化教育の歴史――天皇制教育の輸出の論理
　　第1節　「文明的教育」のおしつけ、第2節　「帝国臣民の教育」の制度化、第3節「朝鮮人タルノ観念」の抹殺政策；1　内地延長主義の登場、2　学校の機能、3　経済と教育
　　第2章　「皇民化教育」の思想と実践――天皇への帰一をめざす政治と教育
　　第1節　皇民化教育の論理；1　皇国臣民の論理の登場、2　皇民化の社会体制、第2節　皇民化の教育実践；1　皇民化教育における教師と学校、2　日本語の教育――ことばをうばう、3　天皇制思想の注入――道徳と歴史をうばう、第3節　太平洋戦争と皇民化教育、第4節　皇民化教育の終焉
（6）大森直樹「日本における「満洲国」教育史像の検証――「美談」から「他者」の視点へ」『植民地教育史像の再構成』植民地教育史研究年報01、皓星社、1998年。
（7）井上薫「日帝下朝鮮における実業教育政策――1920年代の実科教育、補習教育の成立過程」、渡部宗助・竹中憲一編『教育における民族的相克――日本植民地教育史論Ⅰ』東方書店、2000年。
（8）第3章「日本における大国主義教育――朝鮮支配と日本人教育のゆがみ」の項目は、次の通り。
　　第1節　問題の所在――関東大震災と日本の子ども、第2節　教育者の朝鮮教育観――民族抑圧者の教育意識、第3節　歴史教育における朝鮮観――大国主義の歴史意識；1　朝鮮史教育の位置、2　歴史教科書の変遷と朝鮮記述、3　歴史研究者と歴史教育――青少年の朝鮮認識の歪曲に責任を負うもの、4　「国史」教科書における朝鮮近代の記述、第4節　教育研究における朝鮮教育認識
（9）旗田巍監修『日本は朝鮮で何を教えたか』あゆみ出版、1987年、109頁。
（10）「小沢さんへ――弔辞にかえて」友人を代表して　楠原彰、『植民地教育の支配責任を問う』植民地教育史研究年報04、皓星社、2002年、329頁。
（11）「弔辞」柿沼秀雄、同上書、331頁。
（12）たとえば、次のパンフレットがある。在日朝鮮人の民族教育に関するシンポジウム世話人会編集『朝鮮人の民族教育――そのあゆみと展望』日本朝鮮民族教育問題協議会、1965年11月。
（13）小沢有作「戦後50年と朝鮮学校」『海峡』18号、朝鮮問題研究会、1997年5月。後半部分に「規制の廃止――文部省への注文」などの項目がある。
（14）高賛侑『国際化時代の民族教育』東方出版、1996年（1997〈2刷〉）、253頁。
（15）芳賀普子「50年ぶりの四国にて、40年間を振り返るの記――国際シンポジウム参加記」『植民地教育史研究』第14号、2003年6月11日、9頁。
（16）前掲　小沢有作「戦後50年と朝鮮学校」、50頁。注(13)参照。
（17）小沢有作編『民族解放の教育学』A.A.LA教育・文化叢書Ⅰ、亜紀書房、1975年。

小沢植民地教育論の射程
——AALA教育研究会に同座した者の立場から

柿沼秀雄＊

1 『民族教育論』以後70，80年代の研究ははたして「廻り道」だったのか？

　私は1966年に東京都立大学に入学している。翌年の4月には『民族教育論』が出版された。この年専任として初めてもたれた教育学特殊講義は、激動するアジアの動きそのままに、アジア・アフリカの民族解放運動と教育の問題を取り上げる授業だった。素材は北京で行われた「世界教員会議」報告書やホーチミンおよび「ベトナム・スタディーズ」の教育論文、理論社から出ていたカストロ、ルムンバ、エンクルマ、セクトゥーレの著作などであったが、それらのなかに『民族教育論』ももちろん入っていた。『民族教育論』について言えば、未熟な学生には荷の重すぎる大著であった。背伸びしながら「Ⅰ　民族問題と教育」、「Ⅱ　日本の植民地主義教育」を読んで議論した記憶がある。日本近代教育が「親欧脱亜」の教育に始まり、本国における大国主義の教育と植民地アジアにおける「同化教育」を二つの側面として形成されていること、にもかかわらずこの二つの教育世界を「有機的・統一的に把握する」教育研究上の観点を日本の教育学研究がもてないできた事実を知った。近代日本の教育は「他民族抑圧をその本質のひとつとする帝国主義という政治的立場がもとめる教育事業」「植民地領有・支配の政治的社会的現実から規定されておこるアジアと日本とにおける教育事業」として成ったにもかかわらず、それが見えなかったし、今でも見えずにいるのはなぜなのか？　という問いは、私たち当時の学生にとって衝撃であった。「他民族を抑圧する民族には自由がない」（マルクス）という命題を教育学研究に引き取って、敗戦までの日

＊　國學院大学

本の教育世界を「植民地主義の教育」という観点で統一的にとらえることが大事だ、と論ずる人がいたのである。沖縄返還や米軍基地反対の運動、ベトナム反戦の運動などが街頭の学舎となるのは、その土地で闘っている人びとの暮らしと文化と歴史を知ろうとする営みに足を踏み出す場合である。政治の季節が過ぎれば忘れてしまう「健忘症」をくりかえしてはならない。その意味で、この授業は私にとっては価値転倒をせまられるアトリエだったと思う。それまでまったくと言っていいほど視野になかったアフリカの教育に関心をもって調べようとする端緒になった。

　ところで、70年代、80年代の小沢さんの研究は「すこし別の道に足を踏み入れ」た「廻り道」（「アジアから信を得るために」「植民地教育史研究」創刊号、1997年5月）だったのかと、あえて問いを立ててみたい。その内容からすれば植民地教育論と称すべき『民族教育論』の形成過程、その間に書かれた論稿から、同時代の国際的な教育課題に目配りした小沢さんの探求過程を垣間見ると、私には、当人が敢えて言わなければならないほどに「廻り道」をしたとは思えない。在日朝鮮人教育の歴史と運動、学生運動、部落解放運動と教育、識字教育と夜学の歴史、障害者の運動と教育などの課題に深くコミットしながら、70年暮れに作った小さな研究会で仲間たちとAALA諸地域が提起する教育課題の研究に力を注いだこの時代、そこに同座した立場から見てもそう思う。それらの課題に教育学研究者として取り組んだのは、植民地教育論を紡ぎだした小沢さんの研究のあり方からして必然的な道筋だったのではないかと思われるのだ。確かに90年代になって、都立大学大学院ゼミでの共同研究では日本の植民地教育問題の歴史的研究に軸足を戻した。「植民地教育史研究」創刊号では「初心に戻り、生涯の仕事として植民地教育の歴史の研究にうちこ」むとも書かれている。

　植民地教育の歴史研究が小沢さんの初心であるならばそうかもしれないが、問題意識の性質からして植民地教育論がその初志であると捉えたとき、70年代、80年代の研究が「すこし別の領域に足を踏み入れ」た「廻り道」と否定的に語られているとは受けとることができない。むしろ歩んできた道を首肯しながら、ライフワークの道筋を見極めたというところではないだろうか。

　本報告では小沢さんの生き方と研究のあり方の相関を導きの糸にして、小沢植民地教育論の射程を見定めてみたい。そしてその関連でアフリカ等への関心のありようについても触れることにしたい。

はじめに『民族教育論』の構成と来歴を見ておきたい。
　　　卒業論文『朝鮮に於ける日本植民地教育政策の成立過程』1956年3月
　　　修士論文『インドにおける植民地教育の歴史』1959年3月
　　　博士論文『民族教育論』1967年4月（明治図書刊）
『民族教育論』は4部で構成されている。
　　　第1部　民族問題と教育
　　　第2部　日本の植民地主義教育
　　　第3部　植民地と教育――インドにおける侵略の教育と独立の教育
　　　第4部　人種差別と教育――アメリカにおける黒人教育の歴史と現実
　第1部は「帝国主義の時代における民族と教育の問題」の理論的整理　第2部は植民地朝鮮の教育政策を対象とした日本帝国教育政策の構造の解明で、研究の根は卒業論文に遡る。第3部と第4部はサブタイトルがあるので対象は明確であるが、日本の植民地教育政策との比較軸としてのインドとアメリカという意味だけでなく、第1部の理論的課題に関する今日的なふたつのケーススタディという位置をもっている。第1部3章の「民族の独立と教育の変革」に対応した構成である。

　小沢さんの60年代の主たる教育学研究の場のひとつが国民教育研究所の「世界と教育研究委員会」にあったと考えれば、そこでは激動するアジアと教育がテーマであったから、アジアと日本との関係、アジアを鏡にして日本の教育を考えることは中心の柱になる。ただし、アジアといっても、小沢さんの植民地教育論からすれば、参照の原子核は侵略と同化の教育政策の円心と位置づけた朝鮮である。その延長に在日朝鮮人の教育という現在の問題もまた、理論的にも実践的にも逃げるわけに行かない侵略責任をめぐる教育研究者にとっての課題としてあったことが、同書のなかですでに告知されている。

2　教育者および研究者としてのあり方と生き方をめぐって

　小沢教育学は、社会の中の抑圧する側ではなく抑圧される側、支配する側ではなく支配される側、差別する側ではなく差別される側、奪う側ではなく奪われる側、加害を加える側ではなく被害を被る側、マジョリティではなくマイノリティの立場に立って、近代教育と学校がどのように見えるかを描き出そうと

してきた。パウロ・フレイレの言う「沈黙の文化の淵」に沈められて声もあげられない存在によりそって世界を見ようとするのである。声をあげた人ならば教室に来てもらって話も聞けるが、そうでないときには当事者のもとに出かけて思いや願いを声に出してもらい、それを聞き届けなければならない。

　「ぼくをぼくたらしめたもの」(『人間から学ぶ』所収)の中に「だれと共に生きるのか、それがわが生き方を定めるうえで決定的に大事だ」、そして「だれと共にという思想はコトバとしても表現されるけれど、それ以上に自分がだれと人の輪を組んで共に生きるのかという実践のなかに表現される」という文章がある。自分史や聞書きした三代の教育体験をテキストにする夜間の「教育原理」の授業のねらいを語った言葉だ。学びの当事者である自分と向き合わない教育原理は、いつも他人事に終わるしかない。それならば書物ではなく、参加者が自分をテキストにして自分の教育原理を持てる方がいい。ある意味では参加者にカメラを手わたし、写してきた写真を教材にして参加者全員で議論しながら解読する、フレイレの識字の方法だといえるかもしれない。この場合は、被写体が自分であったり、わが家の三代の歴史であったりするのが特徴ではあるが、土曜日の夜に開かれたゼミナールの方では、それぞれに固有な課題を生きる、起きたマイノリティの人間(ひと)を招き、そのひとの語りとゼミ生である自分をテキストにして自分を読む実践が退官の時(1996年3月)まで続けられた。

　自分の生き方は自分に責任がある。小沢さんにとっては、自分にも責任がとれず他者をも裏切るような研究者の生き方を選択してはいけないということだが、それはごまかしと逃げ口上がいくらでも可能なコトバ(思想)よりも、現実のアリーナにいる当事者たちのだれと共に生きるかという選択のなかに事実として現れてくる。在日朝鮮人教育という磁場、大学のあり方をめぐる闘争の場、部落解放運動と解放教育という現場、識字教育と夜間中学の磁場、障害者の運動と学校・教育のあり方がせめぎ合う場を選び取り、マイノリティ化され被差別化された当事者の声に耳を傾けながら、だれと共に生きるのか、自分を吟味にかける(弱点を晒し、傷つくことを含んで)。その位置に身を置いてはじめて、「マジョリティの側に埋もれた目からは見え」なかったマイノリティの生きている被差別の現実、それを生み出す教育と学校の全貌が目の前に浮かび上がってくる。小沢教育学の方法意識である。「マイノリティをくぐらせて見るという認識の方法」が立ち上がってくる。小沢さんの実践と研究にとって、

上に掲げたアリーナは、学力競争によって子どもを引き裂き、序列化し、根無しにし、排除したりする近代学校および国民教育全体の構造と性質を顕わにさせたり、日本近代教育史を書き換えたりしていくための方法的な視座を鍛える場となっている。

　これもすでに故人となった古川原（元都立大学教授）さんの「小沢さんという人は不思議な人ですね。普通の人が見ないような問題を本当によく見ますね」という言葉を思い出す。マイナーなところから問題の本質をえぐり出す認識と学問の方法への賛辞だったと思う。「植民地の教育を学問的認識の外におく教育（史）認識の方法」と、教育の名において他者の人格を引き裂き、踏みにじり、否定する営みに荷担し手を染める教育学研究とは、同根の双葉以外のなにものでもなかったはずである。そこをふたつながらどう越えるかを、生き方としても研究者のあり方としても根底から問い続けて生きた人だ、との実感が私にはある。

3　方法としてのAALA教育研究

　アジア・アフリカへの小沢さんの関心は早かったが、実は『民族教育論』の形成過程はアジア・アフリカへの関心を深める過程でもあった。もちろん第二次世界大戦後のアジア諸国の民族運動と独立、続いて60年を頂点とするアフリカ諸国の独立運動の大波が背後にあり、まずはガンディとインドの教育研究への取り組みが端緒である。論文としては「インドにおける初等教育——国民教育樹立の努力」（『東京大学教育学部紀要』No.3, 1953年3月）と、竹内常一さんとの共同論文「アジア諸国における教育の動向と課題」（『教育』1959年5月）があり、小沢さんは基礎教育学校に光をあててインドの植民地主義教育の歴史と課題を論じた。修士論文の延長上の作品であろうが、後にそれは加筆編集し直し、『民族教育論』の第1部と第3部を構成するところとなっている。「コンゴの教育について」（『教育評論』1961年11月号）という海外教育の紹介もある。ただしこれは「ニグロ教育誌」のアフリカ教育特集の論文に依ったもので、小沢さんが知りたかった「生き生きとした民族教育の動向を知」らせる論文ではないため、いらだちを隠せないでいる。ただし、そのいらだちがこの時期の知的欲求の内容を率直に語っていて興味深い。

「コンゴの教育について」は実は副産物なのであって、植民地主義教育の一部をなすと見たアメリカ黒人の教育にかんする研究が60年頃のテーマであった。「現代アメリカにおける政治と教育」(『国民教育研究所論稿第4号——世界と教育』1962年9月)、「差別教育への黒人のたたかい」(『教育評論』1962年11月号) などがあり、これも『民族教育論』の第4部へ収斂していく論文である。ちなみにベトナムの教育についての翻訳や論文は1960年代半ば以降の仕事になる。

　こうして書かれたものに即して見てくると、それらはインド教育(史)研究者やアフリカ教育(史)研究者、黒人教育(史)研究者等の専門家としての関心でそれらをものしたのではないことがわかる。『アジア、アフリカ、ラテン・アメリカ教育研究』創刊の辞は、その辺りの事情と小沢さんの方法的立場を簡潔に語っている。(AALA教育研究会の発足は1970年12月である。)

　「私たちには、AALaにおいて、教育価値の新しい創造が営まれつつある、という共通の認識がある。教育そのものを根源的に問いかける歴史的営為が横たわっている、とみる。教育の民俗的世界があり、植民地主義の刻印とそれを克えていく教育闘争があり、人間が全体として変革されていく事態がある。その紆余曲折の苦闘の過程は、私たちの教育知見を豊かにする一大宝庫ですらある」。個別地域研究の蓄積と交流のなかで、「教育史像の再構成」のこころざしをもち、あわよくば「世界教育史像のとらえなおし」まで進めたい、という気概が語られている。それは「被抑圧者の立場・思想・闘争を知り、それを一方の軸にして抑圧者の教育の立場・思想・事実を見なおしていくならば、そこから、従来の教育観・教育史観に対する根底的な批判が生じてこざるをえない」だろうからだ。

　あくまで「日本国民の研究者として、日本の教育認識に深くきざまれている帝国主義的な性質に対する反省と批判的克服」が中心課題なのである。だから「私たちにとってのAALa教育研究は、見おとし見そこなってきた空白部分をうめ、教育知見を豊かにするというにとどまらず、そのことをとおして日本の教育認識を問い直し、日本教育の歪みを自覚しなおしていく不可欠な研究方法として位置づいている」というのである。つまり「日本から出発してAALaを回路して日本にもどる」という研究の経路を想定しているわけである。小沢さんの場合の回路は、当時もその後もAALaだけではない。日本の中の社会的弱者、被差別に苦しむ人びとの思い・思想・闘いもくぐらせて、日本植民地教育

（史）研究へもどる経路をも生きたと言うべきだろう。ただし、今度は初心の時点とは広がりも深みもまして、大東亜共栄圏などという得手勝手な幻像を生みだすに至った破滅に向かう帝国日本を視野に入れてのことになる。

4　アフリカの教育への関心をめぐって

したがってと言うべきだろうか。小沢さんはたいへんな知りたがり屋である。アフリカへの問題関心もそのひとつだ。1976年に東アフリカおよび東南アジアを訪ねた経験を下敷きにして、翌年タンザニアの教育の現状と課題を主な内容にした論文やエッセーが発表されている。「習俗のなかの労働から自立のための労働へ——タンザニアの場合」（『教育学研究』第44巻2号、1977年6月）、海外教育情報として「タンザニアの成人教育」（『国民教育』32号、1977年5月）、「教育をとらえ直す」という連載の二編「アチョリの子育て」（『教育』1977年11月）「アフリカの児童文学」（同1977年12月）がそれである。タンザニアは、農村地域の開発と結びつけて自力更正の学校造りを軸にして教育の改革を行っているところであった。手の労働と教育を結びつけて学校を造る試みであったが、こうした改革への関心は、インドにおける基礎教育学校運動以来のことであり、問題意識の連続ははっきりしている。ただし、小沢さんはガンディに深い関心を寄せつつも、彼の自立の思想とまともに向き合ったとは思えない。脇道に逸れるようだが、小沢さんにとってのガンディ問題にも触れておきたい。

ガンディの基礎教育学校の構想を国民教育として制度化する試みは成功せず、結果としては近代教育制度の外側、ガンディ主義のアシュラムにおいて、そのサブシステンス志向と自立の思想・方法が生き続けて現在に至るのが実際だ。ガンディの手の労働と農村手工業を軸にした暮らしと文化をつくる教育の思想（基礎教育学校の思想）は、機械文明の否定を媒介とする反近代の知的実践的いとなみであることを考えれば、近代主義の原理に立って造られる国民教育とは根本的に背馳するところがある。小沢さんはガンディの基礎教育学校構想を最初に論じたときにその矛盾に気づいたはずであるが、時代精神と「理論」の制約か、その点をカッコに括って「全面発達」論へつないで叙述してしまった。ただ「生産労働と教育の結合」を考える時の基本が労働の持つ教育的価値、

「教育目的に導かれる労働」という点にあることに自覚的ではあったから、その観点から1976年のタンザニアでは「経済的共同体としての学校→学校の経済的自立への歩みが、ともすると、学校の農場化・工場化への転落を招きかねない、という危惧の念が湧いてくるのをおさえることができない」と書いている。植民地主義の教育を克服する生き生きした営みを見ようとして、異質な教育の事態を予見した瞬間であったろう。同時に、その危惧は理論的な危惧でもあるはずだと思われるのだが、チャルカとカディーが象徴するガンディ「自立の思想」の再評価へ向かってはいかない。ガンディは小沢植民地教育論のアポリアなのだろうか、とあらためて思う。

　アフリカと、日本との歴史的な関係において直接するアジアとでは同じ旅でも会う人と出会い方にかなりの違いがある。同年の旅ではインドネシアも訪れていて、バンドンで日本軍政下のインドネシア人の教育体験を聞き書きしている。人びとの解放への期待とそれをあっさり踏みにじる「身勝手な日本軍政の姿は、また身勝手な日本教育の強制の姿と一体のものであった」と証言内容をまとめている。あらためて小沢さんの植民地教育論は侵略地アジアと日本の植民地教育研究に収斂することを知らされる。だからといって、知りたがり屋の精神と問題関心の泉が枯れるということではない。人種差別と教育の問題を取り上げたアメリカ黒人の教育の延長で、「南アにおける黒人意識運動」(『望星』1978年4月号)の論考を書き、識字運動の視点から教育をとらえ直すきっかけをつくってもいるのである。

『在日朝鮮人教育論(歴史篇)』翻訳と小沢先生との出会い

李　忠浩*

1. 序言

　まず、この場をお借りして、高昧な教育思想と哲学をお持ちの故小沢有作先生につつしんで尊敬の念を表します。
　そして、今日この席にご招待いただいたことについて小沢先生のお弟子さんの方々を始め、みなさまに心より感謝いたします。残念ながらこの場では先生にはお目にかかれないのですが、先生の思想と精神を学んだ弟子のみなさま方にお目にかかる光栄を嬉しく思います。
　私は1999年10月30日、『在日朝鮮人教育論（歴史篇）』をソウルにある図書出版慧眼から544頁の『在日朝鮮人教育の歴史』という題で出しました。
　そのためにこの場に私が呼ばれたのだと思います。そこで、この本を翻訳いたしました動機と先生とのお付き合いを持つようになった経緯からお話を始めたいと思います。
　小沢先生ご自身は、その一生を通じて研究対象国とした韓国の「公務員」である私との出会いを初めは大変嫌っていらっしゃったようです。その理由はなんだったのでしょう。

2. 本書の魅力

　私は1988年2月に東京韓国学園で韓国の歴史を教える派遣教師として東京勤務を始めました。最初の1年間は日本語もあまり出来ず、東京の環境になれ

---

*　大韓民国教育人的資源部奨学官

るのがせいぜいの生活でした。翌年の5月のある日、神田の書店街を見てまわったときに偶然、小沢有作先生の著書である本書に出会い、三省堂で購入することになりました。購入の動機は題目を見ただけで関心の対象になったからです。在日韓国人を教育する目的で日本に来た私にとって、彼らの教育の歴史が書かれている本書は興味深いものでした。

　ある日、この本の最初のページ「日本帝国主義と人間形成」を読みながら、帝国主義の特性について先生が以下のようによく整理されていることに気づきました。

> 帝国主義時代にあっては、帝国主義は世界の子どもをおおきくふたつに分裂させ、抑圧民族の子どもと被抑圧民族の子どもとに、それぞれことなった感性と思想をうえつけてきた。支配民族の子どもにはとりわけ大国主義的と排外主義の思想と感性を、被支配民族の子どもには事大主義と民族的ニヒリズムの思想と感性を、醸成しようと試みてきたのである。それは帝国主義の思想の毒素のことなった二つの側面にほかならない。
> つまり、教育侵略の問題の成立であり、教育が他民族支配の道具に転化する状況の展開である。
> 日本帝国主義もその例外ではなかった。それは、日本の子どもには朝鮮蔑視観をうえつけ、朝鮮の子どもには日本への一体感を強制して、子どもの世界のなかにも、民族的な差別―被差別、支配者と奴隷の関係をうちたててきた。分裂して支配せよという政治支配の鉄則は、子どもをもその例外としないで貫徹しているのである。その結果、子どもの成長のしかた、もののみかたはおおきくゆがめられてきた。（3-4頁）

「第二部　同化教育体制の戦後的状況」の「Ⅰ　戦後責任の諸相」の部分では、

> 在日朝鮮人教育とのかかわりで日本の戦後責任が問われるとき、わたしは以上にあげた三点――侵略責任の反省の微弱さ、同化教育体制の持続、民族差別思想への国民のとらわれ――を戦後責任をうみだす行為の所在であると考えてみたい。なかでも、中心の環は同化教育体制の持続＝在日朝鮮人青少年の民族性を破壊する道具に教育がつかわれている状態にあるのであって、これを廃棄する課題ととりくむなかで、侵略責任を自覚し、民族差別の思想を変えていくしごともすすめられる、という構造に

現在はなっているように思われる。(142頁)

と述べられており、続けて朝鮮民族を四つに分裂させたのは日本の朝鮮侵略の結果だと結論づけられていました。

すなわち、「2　ひきさかれた朝鮮の子どもの生活」(145-150頁）という題目で、

> いまの朝鮮民族の子どもは、実際には、それぞれことなった政治・社会体制のもとにある四つの地域に分割されて、質的におたがいにことなる生活をすすめている。ひとしく〈朝鮮の子ども〉ではありながら、内実には四つの子どもの類型として把握しなければならない状況が生じているのである。これは一九四五年以降の新しい状況である

と述べ、（1）日本にすむ朝鮮の子ども、（2）南朝鮮の子ども、（3）北朝鮮の子ども、（4）中国にすむ朝鮮の子ども、と四つにわかれて生活するようになったのは、次のように日本帝国主義の責任であることを記していました。

> その責任はきびしく問われなければなるまい。またわれわれ日本国民は、このような日本政府の政策をかえていく努力をつみかさねていく責務を負っているのである。(150頁)

以上の内容を読んで、私には著者を訪ねたいという強い衝動がおこりました。帝国主義侵略の歴史が教育侵略につながって、教育侵略は人間の成長を大きく歪曲させた教育の結果を導き出したのだという教育原理を発見した先生こそ、真の教育者であることを確信するようになりました。この本は、主観的に韓国人を擁護する立場から叙述したという、先生の力作であることをさとることが出来ました。これが先生に出会う動機でした。

3．小沢先生との出会い

1989年9月のある日、先生におうかがいしたいとお電話をしました。すると先生は勉強会に出席するようにとおっしゃったのでお訪ねしました。

そこには女性の方が5～6人が集まっていましたが、朝鮮総聯系のひとびとでした。そこで『海峡』を500円で買いました。この方たちは金東仁の作品など、1920～30年代の韓国人の作品を日本語に翻訳しているのを見た記憶があ

ります。恐らく先生が在日韓国人に対して、日本においての法的地位の確保のため努力をしたのは、このようなことなどを通して始まったのではないかと思われます。また、次の集まりにも出席しました。そこである女性の方が私に、「この集まりに出席するのはかまいませんが、韓国の公務員の身分としてこの集まりに出席することはあなたにはよくないと思います」と言いました。その後、一、二回くらいその集まりに出席しましたが、その頃は韓国の保安法がきびしかったこともありましたので、集まりへの出席を止めました。その後、小沢先生とはたびだび連絡し、東京新宿区役所の前にあるパランセという食堂兼喫茶店で会いました（先生との資料の中にメモが見つかりました。「5月12日（火）午後6時、星座館の4階パランセ［Tel 3200-9559］」と書いてありました）。

　私は日本からの帰国直前、先生とパランセでお目にかかった時、小沢先生に「この本を韓国で翻訳刊行してもいいですか？」と尋ねました。小沢先生は、「それはいいことだが、韓国で翻訳刊行するのはたいへん困難なことだと知っている」とおっしゃいました。その後、私は5年間の派遣教師の勤務を終えて、1993年2月に帰国しました。帰国前に小沢先生は私に「韓国に行きたい」とおっしゃいましたが、北朝鮮に行ったことがあるという理由で韓国のビザをもらえないと惜しがっていらっしゃいました。私はその時「いつか韓国に行かれるようになる日がきます。その時ぜひソウルでお会いしましょう」と言いました。1996年3月に先生の夢が実現しました。でも、私はソウルで先生にお目にかかることはできませんでした。その代わりに2002年10月、ソウル大学で先生のお嬢さんとの出会いがありました。その日は涙が出そうな気持ちでした。

　帰国後、私は1994年3月から大学院で博士課程の勉強を始めました。暇ができるかぎり時間をとって本書の翻訳刊行が可能か否かにかかわらず翻訳をしました。

　翻訳しながら、この本の翻訳刊行が韓国で困難な理由が、小沢先生のお話の意味が、やっとわかりました。先生が参考にした大部分の資料は朝鮮総聯関連の内容でした。しかし、私は気にしないで翻訳を進めました。日がたって韓国では南北関係が非常に改善され、私たちが北朝鮮を旅行するだけでなく、朝鮮総聯系の方も韓国訪問の機会があたえられました。あらゆる面で北朝鮮との対決構図がくずれたのです。

　この結果、小沢先生も1996年3月に小沢ゼミメンバーたちとともにソウル

大学校を訪問、ソウル大学の金信一先生と大学院ゼミのみなさんと交流する機会を初めて持つことが出来ました。これが北朝鮮を訪問した経歴がある小沢先生の初めての韓国訪問でした。

　その時の内容を本書の韓国語版序文として載せることになりました。私は韓国で本書の翻訳本刊行の可否が不確実な中でも、いつか刊行する日が来ることを予想して博士課程の忙しい勉強の中でも、暇があれば翻訳の作業をしました。また、刊行する出版社を探してみたのですが、朝鮮総聯関係の資料による本書の翻訳本刊行をどこもいやがりました。理由は保安法に抵触するということでした。1993年末から95年末までで本文翻訳は完了しましたが、刊行できるかどうかはその時点では決まっていなかったのです。

　1996年10月末頃、私は「日帝侵略下　医師教育活動に関する研究」という博士学位論文の第1次審査を終えたとき、小沢先生に手紙を送りました。図書出版慧眼という出版社から、よりよい条件で刊行許諾があり、また、韓国の保安法関係を担当する安全企画部（現国家情報院）の認可も出ました。この本は韓国の国立図書館において非公開の本でしたが、ようやく韓国翻訳書として刊行出来るほどの大きな変化がありました。残ったのは著作権のことでした。日本の原著者と出版社の認可が必要なことを小沢先生に手紙で伝えました。これについて小沢先生から1996年11月12日にご返答を受けました。

　「私はよろこんで「許可」します。亜紀書房の棗田社長も「許可」しました」という内容でした。

　それから3年が経った1999年10月30日に本翻訳書が刊行された理由をいまからお話ししようと思います。

4.『在日朝鮮人教育論（歴史篇）』韓国語版で刊行

　原書は1973年12月に、第1刷が発行になった後、1988年8月には第5刷が発行されました。しかし、その時に出ていた『在日朝鮮人教育論』について、小沢先生は未完成だと考えておられました。小沢先生は1996年3月に都立大学を定年で退職しました。退職後、この本の完成のため、努力なさったと思います。

　1996年11月、本書の韓国語版刊行の準備が完了しましたが、私は博士論文

を整理刊行し、勤務先が教育部に転勤になる（1997年3月）などで時間的な余裕がありませんでした。これよりもっと重要な刊行遅滞の理由は次のような小沢先生の手紙の内容にありました（1997年9月4日）。

　小沢先生が「日本侵華殖民教育史国際シンポジウム」の参加のため、北京にいらっしゃっていた時に、私は刊行したい意志を手紙で連絡したのですが、北京から帰国後のご返答の内容は次のようなものでした。

　「この春、「戦後50年と朝鮮学校」という論文を書きました。後半部で1970年以降の動きを整理しました。役に立つようであれば、補遺として翻訳ください」というもので、その内容が送られました。その原稿は印刷されたものでもなく、手書きのままの原稿用紙でした。相当な分量でした。

　私はこの内容を翻訳しながら、小沢先生が一生在日朝鮮人の教育問題を心に止め、研究した結果の内容であることに初めて気付いたのです。その部分を見ると、在日朝鮮人教育の問題とその解決策まで提示して終わっています。結論的に朝鮮学校の問題の解決策は民族共生教育の実現として解決策を提示して下さいました。また、当面の課題まで指摘されていました。その内容は「附録」として、いちばん後ろの部分に収録しました（pp.465-531）。

　さらに先生の手紙には、1997年5月12日、「外国人学校卒業者の国立大学入学資格を考える国立大学教員の会」が田中宏さんと先生の呼びかけで発足したとありました。これは韓国学園、朝鮮学校、中華学校など民族学校の卒業生に国立大学の受験の門戸を開くよう求めるものです。もう一つ、その時、先生は「ねぎぼうず」という名前の私塾を開いたことを私に知らせてくださいました。そして、「（韓国での翻訳本）刊行を楽しみにしています」と手紙を終えられていました。

　おそらく先生には『在日朝鮮人教育論』を刊行した後、不足に感じる部分があったと思います。韓国人である私が翻訳した本を刊行する際には、小沢先生はご自身の本を完成版として作りたいというお考えであったと思います。そして原稿用紙300枚程度の膨大な量を私に送ってくださったのです。これを翻訳するためにまた時間が経ってしまいました。

　やっと完成したと思って1998年5月に先生に東京でお目にかかりました。私は1998年3月末にふたたび駐日本大韓民国大使館の教育官として勤めるようになっていました。それで先生と東京での出会いがかないました。

前のところで言いましたメモは、この日の先生とパランセで会う約束のものでした（1998年5月12日午後6時）。この食堂で会う理由は、もちろん韓国料理をごちそうしてくださるというわけです。先生はキムチなど韓国料理が好きなのと同様に、在日韓国人をすごく大事にしているように思われました。

　この日、私は先生に刊行の準備がすべてできあがったと報告し、著者の序文を頼みました。先生は何日間か待つようにと私に言われました。その後、先生から送られたものは、私の予想とはちがった内容のものでした。1996年3月にソウルで行なわれた金信一ゼミの参加報告書でした。この内容を著者の韓国語序文の代わりにしてくれるようにという依頼でした。それで、これを序文に代えました。その題目は「在日朝鮮人教育75年史」でした。

　私はこの『在日朝鮮人教育論』韓国語版が単純な翻訳本ではなく、在日朝鮮人のために小沢先生が一生涯尽くされた力作であると思いました。結局、小沢先生は『在日朝鮮人教育論』という本を充分に補完し、前の部分は「在日朝鮮人教育75年史」、後の部分は「戦後50年と朝鮮学校」として、この本を韓国人翻訳者である私に完成本を作る栄光をくださいました。

　これほどまで深い思いやりをお持ちの小沢先生はわが韓国人と全人類を愛し、偉大なる教育哲学をお持ちの教育学の大家だったことをこの場で明らかにしたいと思います。

5．結語

　今までの内容はみなさんが小沢先生についてまだご存じでないかもしれない一面を私が紹介しました。

　私が翻訳した『在日朝鮮人教育の歴史』は単なる韓国語版の翻訳書であるばかりではなく、小沢先生が残された不朽の名作であることをこの場でふたたびお伝えしたいと思います。

　また、どのような過程を経て、この韓国語版が出ることになったかも申し上げました。私はこの本の序文に翻訳書をこの世に出す理由として記したように「韓半島にすんでいる韓国人たちが、日本に住んでいる在日同胞が受けた植民地教育の実相を理解することが出来る資料」であることが、この翻訳書刊行の目的であると言いたいです。

そして、先生はパランセ食堂で、あるお弟子さんのお話をしながら、彼に翻訳の仕事を任せたかったけど、やはり意欲と目的意識を持っている李先生が翻訳してくれたことにたいへん感謝するとおっしゃいました。

　1999年10月末にソウルの図書出版慧眼から大変分厚い本が出版出来ました。この知らせを小沢先生にお伝えしました。もちろん、先生はたいへんお喜びになって、早くその本を見たいとおっしゃいました。

　私は大使館に出入する22のマスコミにこの本を配布、広報するように依頼し、韓国の教育関連新聞と韓国マスコミにも報道されました。

　その年の11月末頃に先生とパランセで会って、本2冊をさしあげました。その時、先生は非常にお喜びになり、よくやりましたと褒めてくださいました。その日は、亜紀書房に勤めている方とも一緒に食事をしました。

　私は先生のお宅に二回訪れたことがあります。小沢先生の書斎で奥様が出してくださったお茶を飲みながら、いろいろお話をしたことも思い出されます。

　私と先生との出会いが、このような難しい過程を経ながらも翻訳本を完成・刊行することとなりました。またこの場にいらっしゃるお弟子さん方に劣らないくらい、私にとっても小沢先生との出会いは大切なことでした。

　最後に、みなさんに一言申し上げて私の話を終わりたいと思います。

　今日、世界の各国が侵略を意図して過去の帝国主義の形態を学んでいるかのような時点において、小沢先生のこのような教育思想は先生のお弟子さん方を通して綿綿と絶えることなく発展し、正しい教育思想を人類に展開してくださるものと確信しています。

論文

朝鮮総督府編纂『普通学校国語読本』の研究
―― 児童の「生活」に着眼した教材について

北川知子＊

0．はじめに

　植民地下の朝鮮半島において、「日本語ヲ常用セサル者」の通う初等学校として設置された「普通学校」では、「内地」とは別編纂の教科書が使用されていた。筆者はこれまで、朝鮮総督府が編纂した『普通学校国語読本』と、内地国定読本との比較検討を通して、その植民地教科書としての特質を論じてきた[1]。

　筆者は、大学・大学院で「国語科教育学」を専攻してきたものだが、そのなかでは当然のように「国語教育」＝「母語教育」と認識されている[2]。植民地朝鮮における「国語」教育は、当時の認識がどうであれ、実際には非母語教育であり、そのためか、戦後の国語科教育学の世界ではあまり問題にされてこなかった。しかし、実際には国定読本の編纂経験者をはじめ、内地国語教育界の識者が様々な形で植民地朝鮮の「国語」教育にも関与しており、最も有名なのは、1923年使用開始の『普通学校国語読本』を編纂した芦田恵之助である[3]。

　筆者は、植民地朝鮮における「国語」科を、国語科教育史のなかに位置づけたいと考えている。そこで本稿では、芦田恵之助が編纂した『普通学校国語読本』（1923）と、その前後の『普通学校国語読本』（1912）（1930）を対象に、児童の「生活」に着眼・創造されたと見られる教材について検討する[4]。非母語話者である朝鮮人児童に対する語学教科書的な配慮が、どう変貌していくのかを見ていきたい。

＊　関西福祉科学大学高等学校

1．植民地朝鮮における「国語」教授——直接教授法

　普通学校では、日本語教授の方法論として、対訳法ではなく直観的直接教授法が採用されていた。つまり、日本語を解さない児童に対してもできる限り朝鮮語を用いずに、具体的な直観物を活用しつつ直接日本語を教授するのである。当時の現場教員の報告がある。

　　しかしよくよく考えると鮮語一つ使へなかつたことを、私のためにも、児童のためにも幸福であつたとしみじみ思ふ。鮮語の使へぬ私は、どうかして彼らに伝へよう、どうしたら伝へられようかと苦心に苦心を重ねる。国語を解し得ぬ児童等は、どうにかして未知の語をわが生活の中に取り入れようと努力する。（中略）いよいよ行きづまつた時は一寸の橋渡しに鮮語を使用するも一方法であろう。がしかし、それは易々として解せられる代りに、所謂「生みの苦しみ」が伴つていない。「涙を流した苦悶」がない。それだけ力が弱い。有難みがない。愛がない。従つて効果もない[5]。

　その熱心さを支える動機が何だったのか、別途検証の必要はあるが、ここでは置く。上記は1925年の雑誌『国語教育』に掲載されており、使用されていたのは1923年使用開始の『普通学校国語読本』である（以下、「23年本」と呼ぶ）。23年本は、前述したように芦田恵之助の編纂による内地型読本だが、一応直接教授法を前提としており、現場でも直接教授法を採用していたことがわかる。日本語入門期にあたる一年生に「国語」を教授するためには、教材の直観させやすさが、指導の生命線だったと考えられ、事実どの時期の『普通学校国語読本』も、低学年用ほど内地国定読本と隔たりがある。
　その点を踏まえ、本稿では『普通学校国語読本』の特徴を最もつかみやすい一年生用の巻一・巻二の教材を考察対象とする。

2．巻一

2－1．「場面性」による教材の分類

　直接教授法においては、教授する日本語がどういった場面で使用される日本語なのか、という場面設定が重要である。そこで巻一については、教材の「場面性」に注目して以下のように分類した(6)。

　1912年使用開始の『普通学校国語読本　巻一』（以下「12年本」）は全体が47課に分けられているが、以降の『普通学校国語読本　巻一』は分課されていないので、筆者が便宜的にそれぞれを33課・34課に分課した。それぞれの課数を概観するだけでも、12年本に「①勉強」の場面：学校生活上の用語を教授するための課が突出していることがわかる。

	①勉強	②遊び	③自然	④家庭	⑤物語	⑥その他	⑦範語
12年本	17（課）	2	12	5	2	4	5
23年本	2	5	17	1	1	2	1
30年本	3	3	12	5	3	2	6

　本稿では、上記「②遊び」に分類した教材を中心に、再度検討を加える。

2－2．「遊び」の教材化
2－2－①．1912年使用開始『普通学校国語読本　巻一』（12年本）

　併合直後に編纂された12年本では、日本語に堪能でない朝鮮人教師や着任したばかりで経験の浅い日本人教師も指導することを配慮して、学校生活上必要な教授用語や指示用語などを直観・練習させる「勉強」の場面が多い。教材文体も口語敬体の規範文に偏っており、明らかに語学教科書的な編集である。

　「遊び」の場面が取り上げられているのは2課、いずれも校庭の様子である。

12年本（20p）	12年本（48p）
〔十二〕 オトコノコ。オンナノコ。 ミンナ　ソト　ニ　アソンデ　イマス。 ヨイ　テンキ　デス。	〔三十〕 マリナゲ。カケクラ。ナワトビ。 一ペン　二ヘン　三ベン　四ヘン。 四ヘン　ナワ　ヲ　トビマシタ。

20pの方は、「オトコノコ」「オンナノコ」と対照される語彙を提出し、それぞれが遊んでいる姿の挿絵と合わせて規範的な説明文を続けている。このように「センセイ」「セイト」、「〜シマシタ」「〜シマセン」のように対照的に語彙や文型を提出する教材は他にも多い。

48pの教材は、一見範語教材に見えるが、後続の文とのつながりで、校庭で児童が遊んでいる様子を説明する文章が極端に省略されたと考えることのできる教材である。挿絵は大縄跳びをしている子どもたちで、「一ペン　二ヘン……」と順番を待ちながら声をそろえて数えている様子が伝わってくる。「マリナゲ」「カケクラ」と、休み時間の校庭を思い浮かべながら（もしくは実際に遊びながら）、遊びの名前を教授しつつ、助数詞の練習もできるように配慮されている。先の分類で「その他」としているものは、ほとんどが助数詞を紹介・練習する課になっているが、ここでは回数を数えるという、具体物で直観しにくい助数詞を扱うための工夫として「ナワトビ」を活用したのであろう。教授の結果、もしも児童が大縄跳びに日本語で興じるようになれば、「国語常用」も一歩前進である。

２－２－②．1923年使用開始『普通学校国語読本　巻一』（23年本）

1919年に3.1独立闘争が起こり、その反発の強さに震撼した日本政府は、「武断統治」から「文化統治」へ軌道修正を図る。教科書編纂についても、「時恰も併合の当時にて成るべく内地の事情を紹介することにも努めたる結果、朝鮮に関する教材は比較的少な」かったという12年本の総括のもとに、「朝鮮の児童に興味ある朝鮮関係の記事を多くし」「教科書の記述法を児童の心理に合はせしめ、興味あらしむること[7]」という方針が立てられ、その方針を実現できる編修官として、芦田恵之助が着任する。

12年本と23年本は、一見して明らかに体裁が違う。それは、とにかく朝鮮民衆の被差別感を緩和したかった朝鮮総督府にとって、内地国定読本とかけ離れた体裁の読本を避けたいという意識があったためだと思われる。さらに、芦田自身の経歴からいえば、内地小学校での現場経験・国定読本編纂参与の経験を基本にして編纂の任にあたったわけであるから、内地型読本が現出するのはある意味必然的であった。

たとえば、12年本は総課数47であるが、23年本は33課にしか分課できない。単純に考えても14課減少であるが、さらに12年本には課末「練習」のページ

が付随しており、読本の厚みそのものを比べると、半減した印象になる。減っているのは「勉強」と「範語」の課で、「遊び」については増加している。「勉強」場面で減少しているのは、学校での教師と生徒の問答の様子（例：「コシ　ヲ　カケ　ナサイ」「センセイ　ガ　ムチ　デ　サシマス」）等である。つまり、日本人児童であれば自明のこととして掲載されない教材を省いた、ということであり、内地国定読本に歩み寄ったといえる。ただし、やはり単純に省いてしまうわけにはいかなかったとみえて、編纂趣意書で以下のように解説されている。（傍線は引用者）

　　編者は何れの学校でも、<u>入学当初約三週間位は本書に依らず簡単な日常用語を児童に課するものと見ておいた。今之に一言しておかう。</u>
　　　　入学当初に行ふ日常用語の教授は、あまり大なる望みをかけてはならぬ。最低限度の学校生活に必要な言葉を教授する位にとどめるがよい。
　　集合　解散　整列　行進　停止　等
　　姓名の呼び方　これに対する返事
　　号鐘（休みの鐘　稽古の鐘）
　　敬礼　挨拶（登校　下校等）
　　運動場　昇降口　下駄箱　履物　帽子掛　帽子　教室　黒板　白墨　教壇　机　カバン　風呂敷　本　鉛筆　雑記帳　腰掛　窓　便所　湯呑場　等
　　学科名　学級名
　　命令　おたちなさい　帰りなさい　の類
　　禁止　泣いてはいけない　の類
　　希求　教えて下さい　の類
　　疑問　わかりましたか　の類
　　肯定　わかりました　の類
　　否定　わかりません　の類
　　<u>必要は学習の根本動機である。</u>故に一年生のその日その日の生活に、甚だしき不便なきやう、徐々に教授を進めるがよい。
　　　編者は一年生と二年生を複式に編成したら、日常用語の教授など、極めて容易であると思ふ。<u>この事が必ずしも一年生に有利なばかりでなく、</u>

二年生の訓練にも価値がある。もし一箇年間の複式編成が、教科の進度上不安であるならば、せめて一学期だけでも、この組織をとつてみたいと思ふ。必ず単式編成ではうかがふことの出来ない、少労多効の一面を見出すことであろう [8]。

つまり、省いた部分については、教科書を使わない期間で扱われる事項だと設定したのである。児童の内発的な動機・上級児童の教育力への言及は、編修官芦田恵之助の現場経験によるものだと思われる。

「遊び」の場面についても、芦田の所信は遺憾なく発揮される。

23年本（26-27p）	23年本（28-29p）
ブランコ、ブランコ。 　　　　フレ、フレ、ブランコ。 ヤマ　モ　カワ　モ　ウゴク。 ブランコ、ブランコ。 　　　　フレ、フレ、ブランコ。 マダ　ヒ　ハ　タカイ。	オニゴッコ　スル　モノ、 　　　　ヨッテ　オイデ。 アト　カラ　クル　モノ、イレナイヨ。
23年本（38-39p）	23年本（40p）
「キンサン、アソビマセン　カ。」 「ゴハン　ヲ　タベテ　カラ 　　　　アソビマショウ。」 「ポプラ　ノ　シタ　デ　マッテ 　　　　イマス　ヨ。」 「ハイ、スグニ　マイリマス。」	クダ　ノ　サキ　ノ　シャボンダマ。 フク　ト　ダンダン 　　　　オウキク　ナリマス。 アカ、アオ、キ、ムラサキ。 アア、キレイ、キレイ。 アラ、キエタ。

いずれも遊んでいる児童本人の視点から表現されており、臨場感がある。「ブランコ」をこぐ児童の動きが伝わってくるリズミカルな表現は、語頭の濁音も含め、口誦練習を狙ったといえる。「オニゴッコ　スル　モノ、ヨッテ　オイデ」は、実際に児童が遊びの場面で使える日本語であり、「オニゴッコ」の部分を他の遊戯の名前に入れ替えて応用することも、編纂趣意書で示唆されている。「シャボンダマ」についても、「もし朝鮮の児童にこの遊戯がなかつたら、教授者は石鹸を水で溶いて、実験させるがよい [9]。」と編纂趣意書に書かれており、「児童の日常生活には、国語学習の機会が常に到来する [10]」という所信をさらに進めて、国語学習（日本語使用）の機会を児童の「遊び」場面に

拡充させることを企図していたとわかる。

　芦田恵之助は、「随意選題綴り方」の提唱者として知られるように、児童の発動的学習にこだわった教育者である。大正自由主義教育勃興期でもあったこの時期に、児童の視点から「遊び」場面を描く教材は、芦田にとってごく自然なものだったといえよう。ただし、それが非母語話者である朝鮮人児童にどこまで有効に働いたのかは、疑問の残るところである。

　上記「キンサン、アソビマセン　カ」の教材と「シャボンダマ」の教材は、次の読本に踏襲されている。有効性がなければ踏襲はされなかったと考えられるので、この踏襲教材について、続けて考察する。

2－2－③．1930年使用開始『普通学校国語読本　巻一』(30年本)

　30年本には、23年本からの踏襲教材が多い。30年読本は、23年読本が省いた範語教材を復活させるなど、語学教科書的な面を再強化している反面、イソップなどの物語教材を内地国定読本から転載することで、より明確な「内鮮一体」を目指している。「遊び」の場面を扱った教材は2課減少し、3課になる。2課は踏襲教材、1課は巻末物語的な形で登場する新教材である。

　踏襲されている2課のうち、「シャボンダマ」教材には異同がない。筆者はこの読本の編纂趣意書を確認できていないが、23年本の編纂趣意書にあるように、石鹸水さえあれば手軽に直観させることができるうえに、児童の興味もひきつけやすいことから踏襲されたのではないかと考えられる。語文としても、新字が少なくて済み、「(クダ)　ノ　サキ」「(フク)　ト　ダンダン　(オウキク)　ナリマス」などは（　）内の単語を入れ替えて傍線部の用例を応用していくことができるので、練成課題としても適切である。

　一方、「キンサン　アソビマセンカ」の課は、少し表現が変えられている。

23年本（38-39p）	30年本（34-35p）
「キンサン、アソビマセン　カ。」	「キンサン　アソビマショウ。」
「＿＿　ゴハン　ヲ　タベテ　カラ　アソビマショウ。」	「ハイ、ゴハン　ヲ　タベテ　カラ　イキマス。」
「ポプラ　ノ　シタ　デ　マッテ　イマス　ヨ。」	「ポプラ　ノ　シタ　デ　マッテ　イマス　ヨ。」
「ハイ、スグニ　マイリマス。」	「ドウゾ　ソウシテ　クダサイ。」

　下線を施した部分が、異同箇所である。

前述したように、編纂趣意書を確認できていないので、この改訂意図について、やや不十分な検討しかできないことはご容赦いただきたい。
　まず、最初の呼びかけが、「アソビマセン　カ。」から「アソビマショウ。」に変わっている。「アソビマセン　カ」は疑問形であり、相手には遊ぶか遊ばないかの選択の余地がある。それに比べると「アソビマショウ。」は肯定の返事を最初から期待している感じが強く、教材文でも「ハイ、……イキマス。」という返答が用意されている。対して23年本では、遊ぶか遊ばないか尋ねられて「アソビマショウ。」と同意する表現として記述されている。つまり、23年本は「勧誘」→「同意」→「提示」→「了承」という流れであり、作為のない、子ども同士の自然な対話だと感じられる。対して30年本は「強い勧誘」→「了承」→「提示」→「依頼」となり、最初に誘ったほうに主導権が感じられるが、どうだろうか。
　日本語教授の側面から考えると、23年本は「アソブ」という同じ動詞に「マセン　カ」「マショウ」と違う助動詞・終助詞を接続する形になっており、後半の文末も「イマス」「マイリマス」なので、丁寧の「マス」に指導を焦点化できそうである。そういう視点で見ると、30年本は、「アソビマショウ」の次に「イキマス」が登場するが、接続する動詞が違い、最後も「クダサイ」という依頼形の文末になっている。つまり、この課単独で考えると、23年本の方が、表現指導の焦点化は容易だということである。
　12年本・23年本には、場面性を重視しながら思い切った省略表現をとっている教材がある（前掲「マリナゲ。カケクラ。」のようなタイプ）。しかし、その類の教材は30年本には登場しなくなる。つまり、30年本は、極端な省略文型を避けているということである。これは、この類の教材が、非母語教育の側面からは有効に働かなかったという反省があったためではないかと筆者は考えている。23年本の編纂趣意書では、音調に乗せて口誦練習をさせたい旨が繰り返し述べられており、確かに単語の反復練習や、発音練習に目的を絞れば、効果はあったかもしれない。しかし日常使用する文例として、相手に失礼がなく正確に伝わるものを、と考えたとき、省略文型は不親切である。事実、芦田恵之助自身が後日南洋群島読本の編纂趣意書で次のように述べている。

　　文章は全部崇敬体を用ひました。内地には文語体・候文体・口語の常体・崇敬体などが行はれてゐますが、南洋群島国語読本には、口語の崇

敬一体をとりました。(中略)読本に習熟することが、ただちに会話に応用し得るようにと工夫したものです[11]。

　文末形態が、「ただちに会話に応用し得る」口語敬体文偏重の編纂になっているのは、12年本である。芦田の編纂した23年本はがらりと趣を変え、口語常体の採用とともに「ゾ」「ヨ」などの終助詞も用いて、多種多様な文末形態を出している。その芦田本人が南洋群島国語読本編纂の際には「全部崇敬体を用ひ」ているのである。もちろん、植民地朝鮮と軍政下南洋群島とで、現地の状況が違ったという理由は考えられる。だが、そのことを差し引いても、非母語話者に日本語を教授する場合の教科書の役割（模範となる文例を提示することの必要性）に、芦田が改めて気付かされていたのではないかという推察は可能だろう。編纂責任者であった芦田がそうであれば、23年本の総括をふまえた30年本が口語敬体「デス・マス調」の比重を高めていることも、また自然な成り行きだといえる。

　したがって、口語敬体文の多い30年本の場合、他の課でも助動詞「マス」を扱う機会があり、特にここで焦点化する必然性が薄い。子ども同士の対話としては不自然さを感じる、「ドウゾ……クダサイ」という文型が巻一全体を通してこの課にしか登場しないことから考えると、この課の焦点は、依頼文型「ドウゾ……クダサイ」の提出にあったといえる。ちなみに23年本の巻一に「ドウゾ……クダサイ」の文型は登場しない。つまり30年本は、23年本に欠けていた依頼文型を補うためにこの教材を改訂したと考えられる。

　現場で教材を扱うとき、1年間を通した実力養成の見通しは大切である。全体の見通しとともに、やはり一つ一つの教材で何を焦点化するのかが重要である。この教材に関していえば、23年本は「マス」の活用変化、30年本は依頼文型と、相方それぞれに課題設定は明確だといえる。それでも母語話者である筆者には、23年本の教材文の方が作為がなく、対話として自然に思える。つまり、感覚的には23年本が教材の方が優れているように感じるが、それは、この教材が日本人児童の普段の会話を書きとめ、教材文として単純に整理したものだからではないか。30年本では、未出の文型を提出しようとして改変したため、やや作為的な表現になったといえるが、ここでの作為はあくまでも母語話者にとっての不自然さであって、非母語話者の朝鮮人児童にとっては、特に問題ではなかったかもしれない。むしろ、「ドウゾ……クダサイ」という依

頼の文型を練習する機会を確保することの方が、現場にとって重要だったことが考えられる。

　非母語話者の朝鮮人児童に日本語を教授する教科書として、児童の学習意欲・興味関心に重点を置こうと、児童の生活場面から教材を創造していったのが23年本だとすると、30年本は、それまでの日本語教授の蓄積の上にたって、形式として「内地型」読本を維持しつつ、内容面で語学教科書的な配慮を強めた編集だといえる。

3．巻二

3－1．教材の分類

　巻二以降の教材文については、以下のような分類を行った。

	a 日本取材	b 朝鮮取材	c「融和」強調	d その他
①文学的教材				
②修身的教材				
③歴史的教材				
④理科的教材				
⑤地理的教材				
⑥実業的教材				
⑦生活的教材	国定読本踏襲 学校行事など	朝鮮の風俗 児童の生活取材	「内地」人との交流	
⑧社会的教材				
⑨国家的教材				

　①〜⑨は、内地国定読本に関する先行研究などで採用されている分類基準を参考にしている。①〜⑨に分類した上で、植民地教科書としての特徴を検証するために、a〜dの基準で二重に分類し、クロス集計した。本稿では、「⑦生活的教材」に分類した教材を中心に、考察する。

3－2．「生活的教材」の量的変遷

　前項の分類の結果、総課数に占める割合が多い教材を上位3位まで一覧すると、以下のようになる。

	1位	2位	3位
12年本（31課）	②-d 7課	④-d/①-a 5課	⑦-a/⑦-d 3課
23年本（30課）	⑦-a 5課	⑦-b/⑦-d 4課	①-a/①-d/④-d 3課
30年本（26課）	①-d 4課	①-a/①-b/⑦-a/⑦-b/⑦-d 3課	

　改訂を追うごとに、特定の教材に偏るのではなく、バランスよくさまざまな題材を配置するようになったことがわかる。特に12年本は「②修身的教材（挨拶、客の遇し方、親切心など）」への偏りが強く、特徴的である。巻一同様、23年本で児童の生活への密着が高まり、30年本でそれがやや軌道修正されたような印象である。総督府第、期読本でトップに立つのは「①文学的教材」であり、これは「内地」国定読本の体裁に近づけようという編纂姿勢の結果だといえる。

3－3.「生活的教材」について
3－3－①．1912年使用開始『普通学校国語読本　巻二』（12年本）

　12年本にはそもそも明確に朝鮮半島に取材したとわかる教材が少なく、生活的教材に関しても、明らかに日本の正月習俗を取り上げた「第十八課　シンネン」をはじめ、挿絵の子どもが和装であることも多い。

　ここでは、叙述変化をみるために、「第三課　クリヒロイ」をとりあげる。同じタイトルの課は23年本・30年本にも登場し、栗ひろいが子どもたちの秋の楽しみとして一般的であったことがわかるが、叙述内容は三者三様になっている。

12年本（6-7p）
三、クリヒロイ ミナサン、ゴラン　ナサイ、クリ　ガ　タクサン　<u>オチテ　イマス</u>。 サァ、ミンナ　デ　イッショニ　<u>ヒロイマショウ</u>。 <u>ソコ</u>　ニモ　オチテ　イマス。 <u>ココ</u>　ニモ　オチテ　イマス。 タクサン　ヒロイマシタ。 ウチ　エ　カエッタラ、<u>オトウサン　ヤ　オカアサン　ニ　アゲマショウ</u>。 <u>オトウト　ニモ、イモウト　ニモ、分ケテ　ヤリマショウ</u>。

　「オチテ　イマス」「ヒロイ　マショウ」、「ソコ」「ココ」と対照的に示し、父母という目上の者には「アゲマショウ」、弟妹という目下の存在には「ヤリマショウ。」という表現になることも対照的に記している。こういった対照の

方法は巻一にもみられた12年本の特徴である。この課では練習課題に「コドモ ハ クリ ヲ ヒロッテ カラ、ナン ト イイマシタ カ。ソレ ヲ 文 ニ オツクリ ナサイ。」と書き方練習が指示されており、1年生後半に入って、相手による表現の使い分けという、やや複雑な用例指導に進んでいることもわかる。

3－3－②. 1923年使用開始『普通学校国語読本　巻二』(23年本)

　23年本の第一の特徴は、朝鮮関係の教材が激増することにある。先の分類基準で「b朝鮮取材」に分類したものは12年本には1課しかないが、23年本では7課にのぼる。挿絵も、1年生用の巻二では、教師の洋装と巡査の制服が登場するだけで、児童の絵はすべて民族服である。
表現の特徴を考えるために、まず「九　クリヒロイ」から取り上げる。

23年本（18-20p）
九　クリヒロイ クリ ノ ミ ガ オチル ヨウ ニ ナリマシタ。 私 ハ マイアサ ハヤク オキテ、ヒロイ ニ イキマス。 イツモ タクサン ヒロッテ キマス。 ガッコウ カラ カエッテ カラ モ、ヒロイ ニ イキマス。 クリヒロイ ハ 私 ノ 一バン タノシミナ コト デス。 クリ ハ ヤイテ タベル ト、オイシウ ゴザイマス。

　児童の作文を模したと思われる表現で、12年本の「クリヒロイ」に比べて「私」の存在感が強く、主体的な表現になっている。「一バン　タノシミナ」と言わなくても、「マイアサ」「ガッコウ　カラ　カエッテ　カラ　モ」の説明で、「私」が栗ひろいに熱中していることが十分に伝わる。最後の文の「ヤイテ」の部分を別の調理法に入れ替えて発表させたり、「一バン　タノシミナ　コト」を書かせたりと表現指導に発展させることも可能な教材である。
　「ウンドウカイ」は、二年生の児童を想定し、目の前の一年生の競技を実況的に描いたと編纂趣意書に説明されている。「アカ　カツ　ヨウ　ニ。」「シロ　カツ　ヨウ　ニ。」や「ウレシイダロウ。」という言葉は児童の自然な感想であり、運動会の感想などを発表させる活動と合わせて教授すれば、容易に理解されよう。
　「タイソウゴッコ」は児童の会話文体である。編纂趣意書には、以下のよう

にある。

23年本（2-3p）	23年本（22-25p）
一　ウンドウカイ イマ、一ネンセイ　ノ　カケッコ　デス。 「ヨウイ。」 「一、二、三。」 アレ、カケダシタ。 ハヤイ、ハヤイ。 「アカ　カツ　ヨウ　ニ。」 「シロ　カツ　ヨウ　ニ。」 一トウ、二トウ、三トウ、ウレシイダロウ。	十一　タイソウゴッコ 「タイソウゴッコ　ヲ　シテ 　　　　　　　アソビマショウ。」 「キ　ヲ　ツケ。」 「マエ　ヘ　ナラエ。」 「ナオレ。」 「マエ　ヘ　ススメ。」 「左、右、左、右。」 「カケアシ　ススメ。」 「左、右、左、右。」 「ゼンタイ、トマレ。」 「ヤスメ。」 「コンド　ハ　ダレ　ガ　センセイ　ニ 　　　　　　　　　　　　ナリマス　カ。」

　　十一　タイソウゴッコ
　　学校生活に慣れてきた児童は、自分等の日々の生活を遊戯に移して学校ごつこなどをはじめるものである。「タイソウゴッコ」はその一つである。体操の号令「キ　ヲ　ツケ。」「マエ　ヘ　ナラエ。」「ナオレ。」「マエ　ヘ　ススメ。」（中略）などは、すべて学校生活用語として既に学んだものである。しかし、耳より学んだ語は時に不正確であるから、教授者は之を整理するつもりで取扱ふがよい。[12]

　巻一の「キンサン、オハヨウ」の課でも同様に「耳による言葉の学習は時にききあやまりがある。（中略）朝鮮の綴り方教授は教育上特に重要な任務があると思ふ。[13]」と述べられており、「話す・聞く」活動と「書く・読む」という活動を結びつけ、正確な日本語を習得させる意図があったことがわかる。遊び場面（体操の号令）と、勧誘の言葉・先生役の交代呼びかけの言葉との間がそれぞれ1行空いており、呼びかけられて集まったり、「ヤスメ」で動きが一段落したりといった時間経過を表す工夫であることも、編纂趣意書に述べられ

ている。また、編纂趣意書には「学校ごつこなどをはじめるものである」と述べられているが、どちらかといえば、こういう遊び方もあると児童に示唆することで、日本語を用いたごっこ遊びを誘導する意図があったと考える方が自然であろう。

3－3－③. 1930年使用開始『普通学校国語読本　巻二』（30年本）

前掲の「タイソウゴッコ」は、多少変更されているが、ほぼそのまま踏襲さ

23年本（22-25p）	30年本（6-8p）
十一　タイソウゴッコ 「タイソウゴッコ　ヲ 　　　　シテ　アソビマショウ。」 「キ　ヲ　ツケ。」 「マエ　ヘ　ナラエ。」 「ナオレ。」 「マエ　ヘ　ススメ。」 「左、右、左、右。」 「カケアシ　ススメ。」 「左、右、左、右。」 「ゼンタイ、トマレ。」 「ヤスメ。」 「コンド　ハ　ダレ　ガ　センセイ　ニ 　　　　　　　ナリマス　カ。」	三　タイソウゴッコ 「タイソウゴッコ　ヲ　シマショウ。」 「キ　ヲ　ツケ。」 「マエ　ニ　ナラエ。」 「ナオレ。」 「マエ　ヘ　ススメ。」 「一、二、一、二。」 「カケアシ　ススメ。」 「一、二、一、二。」 「ゼンタイ　トマレ。」 「ヤスメ。」 「コンド　ハ　ダレ　ガ　先生　ニ 　　　　　　　ナリマス　カ。」

れている。23年本と比較すると以下のようになる。

　ただし、30年本巻二の編纂趣意書では、「全部対話で纏まっている文である。対話文を活躍するやうに取扱ふ為には、第一に話者を想定し、地の文を補って解釈しなければならぬ。試みに地の文を補つてみやう。」として、2ページを割いて詳述している。

　　コドモタチ　ガ　タイソウゴッコ　ヲ　シテ　アソンデ　イマス。
　　李サン　ガ
　　「タイソウゴッコ　ヲ　シマショウ。」
　　ト　イイマス　ト、ミンナ　ハ

（中略）
「ヤスメ。」
ミンナ ハ ゴウレイ ノ トウリ ニ シマシタ。
ソレ カラ 李サン ガ
「コンド ハ ダレ ガ 先生 ニ ナリマス カ。」
ト タズネマス ト、朴サン ガ
「崔サン。」
ト イイマシタ ノデ、崔サン ガ 先生 ニ ナッテ ゴウレイ ヲ カケ マシタ。
かういふ風に精叙すれば意味は明かになつて来る訳であるが、教科書の文は、文勢を貫び、簡潔にして余情あらしめる為に、地の文を全く省いたのである。(14)

教材文が簡潔すぎて、具体的な子どもの動きを想定することが難しいと感じた現場からの意見があったのかもしれない。巻一でも、極端な省略文型を避けた編纂をしており、これは当然の配慮であろう。しかし教材をカットしなかったのは、やはりごっこ遊びを通した「国語常用」のねらいが重視されたためではないだろうか。なお、23年本に登場する子どもたちはみな民族服であるが、

23年本（2-3p）	30年本（2-4p）
一 ウンドウカイ	一 ウンドウカイ
	キョウ ハ ウンドウカイ デス。
	イロイロナ ハタ ガ カゼ ニ ヒラヒラシテ イマス。
	コンド ハ 一ネンセイ ノ
イマ、一ネンセイ ノ カケッコ デス。	カケッコ デス。
「ヨウイ。」	「ヨウイ。」
「一、二、三。」	ピイ。
アレ、カケダシタ。	ソレ、カケダシタ。
ハヤイ、ハヤイ。	ハヤイ、ハヤイ。
「アカ カツ ヨウ ニ。」	「アカ カツ ヨウ ニ。」
「シロ カツ ヨウ ニ。」	「シロ カツ ヨウ ニ。」
一トウ、二トウ、三トウ、ウレシイダロウ。	ミテ イル 人 モ
	イッショウケンメイ デス。

30年本では洋装と民族服とが混じっている。朝鮮人児童の友人として日本人の名が登場する課もあり、「内鮮融和」の進展をさりげなく打ち出していることも30年本の特徴である。

「ウンドウカイ」も踏襲されているが、こちらは大きく加筆されている。

　いずれも巻頭教材であり、「児童の生活経験的材料[15]」である。巻一を終了し、巻二の学習にステップアップしようとする時期に「児童の歓迎してやまない活動的な材料[16]」を配置することで、学習意欲を高めようという意図が見える。ここでの大きな異同は冒頭部分である。この加筆について、30年本巻二編纂趣意書では、次のように断っている。

　　（前略）冒頭は、文の中心を離れていて蛇足であるかの如くも見えるのであるが、之を除去すると全く背景がなくなつてあまり唐突になるので之を置いたのである[17]。

　やはり23年本の文章が、簡略過ぎると評価され、加筆修正されたのだろう。結末部分も、23年本が、あくまでも観覧している児童の感想の表現を取っているのに対し、30年本は加筆された冒頭部分に合わせた客観的な表現に変更されている。児童の視点を想定し、臨場感を出した表現はあくまで生かしながら、客観的な状況説明・描写というフレームを与えることで、わかりやすさを目指したと思われる。冒頭教材をこのように改訂することで、文章としての斬新さを和らげ、続いて編纂趣意書でフォローしながら「タイソウゴッコ」を踏襲する。ここから、推察されるのは、30年本が児童の発話を模した文体・対話体を日常生活にそのまま移行できる表現としてとらえ、活用していることである。例えば、「クリヒロイ」も、30年本では、先の2冊と違って対話体である。

　行間を空けることで場所の移動を表し、地の文が全くないスタイルは、23年本が創造した「シャボンダマ」「タイソウゴッコ」と同様である。編纂趣意書には、「児童の想像力をはたらかせることによつて全文の脈絡を完成したい。[18]」とあり、「ウンドウカイ」では教材本文に、「タイソウゴッコ」では編纂趣意書に提示した行間の読みを、学習の進展に伴って、児童の活動へ移したと考えられる。行間を児童の想像・発表で埋めていくためには、児童が具体的に

> 30年本（17-20p）
>
> 七　クリヒロイ
> 「ユウベ　カゼ　ガ　フイタ　カラ、キット　クリ　ガ　オチタ　デショウ。コレ　カラ　ヒロイ　ニ　イキマセン　カ。」
> 「カゴ　ヲ　モッテ　キマス　カラ、スコシ　マッテ　クダサイ。」
>
> 「オヤ、モウ　人　ガ　ヒロッタ　ノカ　サッパリ　アリマセン。」
> 「ソレ　デハ　ムコウ　ノ　大キナ　木　ノ　トコロ　ヘ　イッテ　ミマショウ。」
>
> 「アア、ココ　ニハ、タクサン　オチテイマス。」
> 「サア、ダレ　ガ　多ク　ヒロウ　カ　キョウソウシマショウ。」

考えやすく、実地に体験できる題材のほうが適している。巻一同様、23年本で創造された生活的教材が、30年本で児童の表現指導、正確な日本語を使いこなしていくための口頭発表や綴り方の練習に資する教材として整理され、深化したといえよう。

4．まとめ

　日本語学習入門期教材に、種々の工夫と研究が行われたことは、明らかである。非母語教育の側面が前面に出ていた12年本と比較して、23年本・30年本が内地型の読本であるのは確かだが、教材の叙述を詳細に検討すれば、単に「内地型読本」と評価できない面もあることに注意したい。
　23年本が内地型読本になった大きな原因は、やはり芦田恵之助にある。しかし、それは芦田が意識的にそういう編纂をしたというより、むしろ芦田の無意識が結実した結果だと筆者は考える。芦田自身は編纂にあたって、直接教授法の第一人者であった山口喜一郎にも教えを乞い、意識的には植民地朝鮮の読本を編纂しようとしていた。ところが、芦田が自らの知見を発揮して教材を創造していったとき、そこに出現したのは内地児童の活動や表現を反映した表現であった——と考えるのが妥当だろう。23年本に国定読本から転載された教材は、そう多くない。芦田が当初の計画よりも早期に退任していること、30年本に転載教材が増加することを併せて考えると、国定読本への歩み寄りを明白な形で要請した総督府の意向が推測される。しかし、30年本についても、教

材を仔細に検討すると、23年本が無意識的に産出した内地型教材文の極端な省略や飛躍を補い、非母語話者の日本語学習にふさわしいものにしようと努力している面が見えてくるのである。

　非母語話者に対する日本語教授教科書であろうとする現実と、内地国語教科書にいずれは統一しようとする政策上の理想との綱引きの上に、『普通学校国語読本』が存在した。それは、当時直接間接に関わった国語教育の先達にとっては、母語教育の方法論を援用してしまう無意識と、非母語教育の現場を見据えようとする意識との、闘いであったのかもしれない。そうした意識と無意識の葛藤が、国語科教育史上における植民地「国語科」の位置づけの曖昧さにもつながっている。

【注】（1945年以前の文献については、引用時に旧字体を新字体に改めている）
（１）「朝鮮総督府編纂『普通学校国語読本』の研究」大阪教育大学修士論文（1992）
　　　「朝鮮総督府編纂『普通学校国語読本』の研究――朝鮮民話・伝説に取材した教材についての一考察」『国語教育学研究誌』第15号（大阪教育大学国語教育研究室1994）
　　　「朝鮮総督府編纂『普通学校国語読本』の研究――巻一の一語文教材について」『国語と教育』第19号（大阪教育大学国語教育学会1994）
　　　「朝鮮総督府『普通学校国語読本』の研究――実業的教材（稲作）について」『国語教育学研究誌』第23号（大阪教育大学国語教育研究室2003）
（２）したがって、国語科教育学の範疇には、各国における母語教育の研究も含まれる。
（３）芦田恵之助の編修官着任を推挙したのは、当時教科書調査委員会にいた吉岡郷甫である。吉岡は国定読本（第Ⅰ期「イエスシ」読本）の編纂者であるが、その吉岡から相談を受けた八波則吉が、第Ⅲ期国定「ハナハト」読本編纂作業に参与していた芦田を紹介した。その経緯からは、内地国語読本の編纂手法を援用することに不自然さを感じていなかったことがうかがえる。経緯の詳細は、芦田恵之助の『第二読み方教授』（1925）『恵雨自伝』（1950）などを参照。
（４）筆者は修士論文（1992）で、朝鮮半島における教育を5期に時期区分し、その区分に沿う形で総督府編纂教科書を位置づけた。筆者の区分では、1912年使用開始本が第Ⅱ期、1923年使用開始本が第Ⅲ期、1930年使用開始本が第Ⅳ期、となっている。これは、たとえば、上田崇仁氏（2000）の区分ではそれぞれ朝鮮第一期・第二期・第三期にあたる。国定読本に関して研究者間にこういった異同はなく、今後のことを考えると、朝鮮総督府の読本についても時期区分・呼称の仕方等は

研究者間で統一を図るべきではないかと思う。しかし現段階では、筆者自身も整理し切れていない問題なので、ここでは後日に譲りたい。ちなみに、本稿で検討対象としたテキストは以下のとおりである。

『朝鮮総督府編纂　普通学校国語読本　巻一』1918年（T7）2月25日訂正再版発行
（初版1912年（T1）12月15日発行　朝鮮総督府庶務部印刷所印刷）
『朝鮮総督府編纂　普通学校国語読本　巻二』1918年（T7）2月25日訂正再版発行
（同年11月5日増刷：初版1913年（T2）1月15日発行　朝鮮総督府総務局印刷所印刷）
『普通学校国語読本　巻一』1923年（T12）9月3日翻刻発行
（同年1月25日発行　朝鮮書籍印刷株式会社）
『普通学校国語読本　巻二』1923年（T12）9月15日翻刻発行
（朝鮮書籍印刷株式会社）
『普通学校国語読本　巻一』1930年（S5）2月5日翻刻発行
（朝鮮書籍印刷株式会社）
『普通学校国語読本　巻二』1930年（S5）9月15日翻刻発行
（同年1月25日発行　朝鮮書籍印刷株式会社）

（４）「朝鮮人に国語を教授して」松本三千人『国語教育』第十巻第二号（育英書院1925.2）87p。なお、当時の文献であり、「朝鮮語」を「鮮語」と略している本文のまま引用しているが、こうした略語は植民地化において侮蔑的に造語され使用されたものであり、現在は使うべきではないと筆者は考えている。「内鮮融和」というスローガンも同様である。詳しくは、『朝鮮人差別とことば』梶村秀樹・内海愛子編（明石書店1986）。
（６）教材の分類基準については、巻一・巻二とも北川（1992）
（７）「朝鮮教育令改正に伴ふ新教科用図書編纂方針」（朝鮮総督府1923）15p
（８）「普通学校国語読本巻一編纂趣意書」（朝鮮総督府1925）7〜8p
（９）「普通学校国語読本巻一編纂趣意書」（朝鮮総督府1925）8p
（10）「普通学校国語読本巻一編纂趣意書」（朝鮮総督府1925）4p
（11）『南洋群島教育史』（南洋群島教育界　1938）257p
（12）「普通学校国語読本巻二編纂趣意書」（朝鮮総督府1925）11p
（13）「普通学校国語読本巻一編纂趣意書」（朝鮮総督府1925）13p
（14）「普通学校国語読本巻二編纂趣意書」（朝鮮総督府1930）13〜14p
（15）「普通学校国語読本巻二編纂趣意書」（朝鮮総督府1930）8p
（16）「普通学校国語読本巻二編纂趣意書」（朝鮮総督府1930）8p
（17）「普通学校国語読本巻二編纂趣意書」（朝鮮総督府1930）9p
（18）「普通学校国語読本巻二編纂趣意書」（朝鮮総督府1930）22p

戦後都立朝鮮学校に
あらわれた問題点
——戦後教育史の分岐点として

芳賀普子＊

はじめに——朝鮮戦争前後の都立朝鮮人学校

　日本植民地朝鮮における教育を研究する人たちが、在日朝鮮人の問題と朝鮮民族学校の存在をきっかけとして、考え始めた例は、人によって、多かれ少なかれちがいはあっても、ほとんどの場合の経験として言えることにちがいない。小沢有作もそうであった。

　　　当時（1954年頃と思われる。筆者注）教育学部の学生だった私は、十
　　　条の木造校舎に訪ねていきました。奪われた〈朝鮮〉を奪い返す営みの
　　　場であることを知りました。私にとってこれが在日朝鮮人教育との最初
　　　の出会いでした。これに触発されて、朝鮮に対する日本植民地教育の歴
　　　史を卒業論文に書きました。都立朝鮮人学校廃校問題は私にとっても一
　　　生の関心の方向を方向づけた忘れえぬ問題でした。[1]

　ここにある朝鮮学校とは、都立朝鮮学校中学部に理科教師として勤務した梶井陟の記録『朝鮮人学校の日本人教師』（亜紀書房、1974年）の中で「「都立朝鮮人学校」という名称は、本来は存在してはならなかったのだろうが、一九四九年の一二月から五五年の三月三一日まで、自主的な在日朝鮮人教育を守り育てようとする側の理念とぶつかり合いながら、戦後日朝の片隅にその記録をとどめた」と紹介されている戦後5年3カ月という短い期間存在した学校である。

　まさに、小沢有作は、この時期日本の中の在日朝鮮人民族教育が危機に瀕し、朝鮮学校歴史の中でも、特異で例外の時期である公立朝鮮人学校の廃校反対の運動が盛り上がっていく時期に、その都立朝鮮人学校を訪れていたの

＊　一橋大学大学院言語社会研究科博士後期課程

である。[2]

そして小沢有作は、その約20年後『在日朝鮮人教育論　歴史篇』（亜紀書房、1973年）を書き上げた。2003年3月「日本植民地研究会全国集会」シンポジウムで発表されたように、韓国でも李忠浩氏により、それからまた約20年後1996年になってやっと韓国語に翻訳された。それまで小沢の同書は、韓国国会図書館では非公開図書の指定本であり、国家保安法に抵触するという理由で翻訳出版許可がおりなかったのが、1999年翻訳出版が可能になり韓国でも上梓された。

その一方では、日本でその数カ月後（2000年12月）小沢論文[3]について下記のようなコメントもでる。

> 研究論文としては出色の内容である。これは朝鮮語文献は一切使っていないし、25年以上前の記述のため現在の目からすると疑問に思う評価もあるが[4]

と都立朝鮮学校資料集解説のコメントである。20世紀末同じ時期に表れた小沢の都立朝鮮学校研究論文についてのこのような状況は、都立朝鮮人学校が、都立時代だけに限定されることではなく、朝鮮学校として発足当初から背負わされた分断朝鮮状況をいみじくも反映している。また、同書が書かれてから約30年たった今日、やっと、韓国語翻訳書が手に取れるようになり、都立朝鮮学校資料集も刊行された、という研究としては立ち遅れてきた状況も示している。

都立朝鮮人学校が設置された時期は朝鮮半島に南北別々の政権が樹立され、「そうなれば内戦としての朝鮮戦争がもはや避けられない[5]」と言われていた情勢が頂点にたっしていく1949年12月である。翌年6月には「ワシントンをパニックに陥れた朝鮮戦争[6]」がついに起きる。廃校は、1952年4月「サンフランシスコ講和条約」で日本が独立し、日本国籍を失ったとされた朝鮮人を公費で見ることはない、との意見が作用して、都教育委員長が朝鮮学校私立化を言明して以来、それから3年足らずでなされたのである。

敗戦1945年から1949年までの時期、すなわち朝鮮人たちの血と汗の結晶で朝鮮学校を作りそれが都立化されるまでの時期は、日本国内の戦後教育改革が行われていく時期である。

一方で、1953年7月には朝鮮戦争休戦協定が結ばれ、「池田・ロバートソン会談」が持たれる。1954年には、「教育二法案」が成立する。このように、よ

く言われている通りだが、「片面講和条約」発効後、日本の学校教育が東アジア共産主義に対する極東の防波堤の一翼を担うものとしての位置付が確定していく時期である。

それら戦後日本歴史の動きは、日本の隣り朝鮮半島の政治と連動しており、日本の戦後朝鮮学校問題はその国際関係の下、日本、GHQの管理の対象となり、その国際関係の縮図を示す教育問題ものと言えるのではないか、と考える。

第二次大戦後の解放後東アジアで唯一の軍政がしかれた朝鮮南部に上陸した米軍について「彼らの目標は、ソ連の影響を受けている革命の潮流と、国内の自主革命の潮流をせき止める防波堤を築くことであった。この「防波堤」という比喩は、1940年代後半の朝鮮における出来事に照らして見れば、実に適切であり、南において行われた努力を表現するのにこれ以上のものはなかったと言える。これは、「封じ込め」に対する視覚的な比喩であって、フランス語のendiguement、つまり「洪水の奔流を防ぐための堤防網」がこれであるが、この二つを比較してみると、アメリカの戦後朝鮮に関する構想の核心が他の場合とどう違っていたか理解できるだろう[7]」のコメントがある。

つまり、日本においても、祖国の政治奔流に対応しながら、解放後日本で運動を担い、民族学校を設立していった奔流は、当然、南朝鮮米軍政とGHQにとって、「防波堤」を建てなければならない対象になった[8]。植民地解放5年後の朝鮮戦争は「忘れられた戦争」とも呼ばれ、米国、ロシア、中国の各資料が順次情報公開され本格的研究対象になるのが可能になったのは、ほんの10数年前のことと言ってよい。当時朝鮮人学校側でも「祖国解放戦争」との定義を受けいれて、同胞たちが血を流している、帰るに帰れない祖国の朝鮮戦争を日本の中で闘った。在日朝鮮人たちの民族教育研究は、そのような制限の中で、在日朝鮮人たちからの情報と日本語で語られた文献を使い考え研究されたものであった。小沢論文に対する高柳のコメントは、そのような朝鮮戦争下での情報不足と文献状態を反映しているものである。南北朝鮮分断対立構造の下で、戦後結成された教育運動は、運動の論理として、朝鮮半島を戦場とした戦争について、どちらかの側の論理について、どちらかの立場で情報不足のまま戦争終結を願って考えていかねばならなかった、からである。

例えば東京都側からは、都立朝鮮人学校について以下のような文がある。

　　しかし戦後における日本の——経済の混乱や南北朝鮮の対立問題などが学校教育の場に微妙な影響を与える傾向を生じつつあった中で、連合

国GHQ最高司令部は朝鮮連合会の動きに北朝鮮系の思想的背景によるものと考え学校教育の場で政治的に偏った教育は好ましくないと圧力をかけるに至った[9]。

また、都立朝鮮人学校の廃校通告の説明として同じ書には、こうも書かれる。
　以上のように昭和二十四年以来朝鮮学校は日本の法規の下に都立学校として推移したのであるが、朝鮮動乱を頂点に南北朝鮮の対立問題が激化の一途をたどるとともに、朝鮮人学校にも種々の影響がみられるようになったことは否定できない[10]。

このような都当局側の認識、北朝鮮系、または韓国系と分けて終わりにしてしまい、そこから更に朝鮮民族教育問題を考えようとしない傾向は、現在も一般論として日本人の間に定着したままである。では、学校の実態はどうであったのか、明らかにされる必要がある。戦後日本行政側は朝鮮人学校教育に対して内実を知ろうとしてこなかった。日本人たちは、植民地から解放された朝鮮人たちがなぜ、短期間に自分たちの朝鮮学校を作り、朝鮮半島分断と戦争に対してどんな思いで闘ってきたか、あまりにも無関心ではなかったのか。「（在日朝鮮人の歴史は）あまりにも多くのことがもつれあってしまった、これを解きほぐして整理しなければならない。このままでは在日朝鮮人たちが浮かばれない」と話す、やはり都立朝鮮人学校歴史教員であった故朴慶植の肉声が、私の耳にきこえる。

都立朝鮮人学校の問題は、民族学校史の研究先行論文の中に「公立化」の時期があったとして、記載されてはいる。しかし、「阪神教育闘争」ほどには言及されてこなかった。ある意味では、忘れられた学校であるが、戦後日本人研究者たち、朝鮮人教育問題研究者の第一人者小沢有作や、国立大学に初めて設置された朝鮮語朝鮮文学科教授として富山大学に赴任した梶井陟が、原点としたのは都立朝鮮人学校現場であった。

公立一条校として存在した時期の朝鮮学校は、戦後日本の教育政策と連動しているのはいうまでもない。占領から講和への時期、新生日本の学校教育は隣の朝鮮半島における戦争に関心を持ち、平和を考えてもよかったはずである。しかし、それは出来ないまま現在に至ってしまった。朝鮮問題一般に対しても最近まで朝鮮・韓国は「近くて遠い国」などといわれ続け「遠い国」であった。また、現在のような朝鮮学校がどのように出来てきたのか、現在ある朝鮮学校に対する戦後日本の弾圧などは知ろうとせず、「北朝鮮系の学校」ですませて

しまう風潮に異論を唱えたい。

　都立朝鮮人学校が成立し、廃校になっていく問題は、戦後日本教育史がはらむ問題——法制上からの問題だけでなく、民主主義と平和をめざした新たな戦後学校教育の質をも問うものでもある。

I　東京朝鮮人学校の都立化

I－1都立朝鮮人学校成立過程（1945〜1949）
　　　——場合によっては日本人、公教育に服せよの通達

　現在ある、各種学校としての朝鮮人学校が、一時的にせよ、公立一条校として存在する時期があったことは、広くは知られていない。都立朝鮮人学校の場合は、また全国でも唯一分校（公立学校の分校として公立化した学校）でなく完全な独立校であった。なぜ、独立公立校として成立したのか？　から考えていこう。

　植民地を失った日本政府側からの民族教育への政策が、日本児童のための教育政策と異なる点は2つある。1つは、朝鮮人学校は日本の治安対象と位置付けられていた点である。

　もう1つは、日本教育法を適用されるべき対象として朝鮮人児童があり、すなわち、日本占領下の時期であり、朝鮮人は日本人としても処遇されたからである。

　平和と民主主義、軍国主義否定をめざした新生日本教育の時期にもかかわらず、敗戦後解放された朝鮮人民族自主教育を認める視点を日本政府は持ち得なかった。

　この2点が「原則として自己の居住区を通学区域とする公立学校に分散入学せしめるのであるが」（都立朝鮮人学校設置に関する規則　1949年12月）、都内15校東京朝鮮人学校（小学校12、同分校1〈文京区〉中学校1、高校1）の一括都立移管がなされた、理由の行政面からの説明となる。

　解放後すぐに民族教育に取り組んで成果をあげていた朝鮮人側の運動と、GHQ占領下の植民地を手放したばかりの敗戦後間もない日本の学校教育法とGHQ指導の通達が絡み合い、都立化に至る。

年表で整理すると以下の通りである⁽¹¹⁾。

	朝鮮人学校側の動き	日本文部省側　GHQ側の動き
1945	8月～9月　東京に「戸塚ハングル学院」設置、東京朝鮮中学校の母体。 10月15日　在日本朝鮮人聯盟（以下朝聯と略す）結成。	11月　「日本占領及び管理のための連合国最高指令官に対する降伏後の初期の基本指令」対日講和条約の締結まで、在日朝鮮人は国籍上日本人。㋑（日本人であるが必要な場合は敵国人として処遇……）
1946	4月　国語講習所等が上・中・下の初等学院として編成。 6月　朝聯全国文化部長委員会にて「東京朝鮮中学校設立委員会」設置 9月　東京中等学校期成委員会現住所（板橋区十条）に学校建設を決定。 10月　東京朝鮮人中等学校開校式挙行。初代校長尹權氏（朝連中央総本部長、1945年本国特派員） 11月　学部（中学部の意）協議会結成さる。会長尹德昆 11月8日　＊中学部私立各種学校として東京都長官（都知事のこと、東京都は1947年に地方公共団体となる）の認可を受ける。	10月22日　GHQ覚書「日本育制度に対する管理政策」指令。 11月20日　「朝鮮人の地位及び取扱いに関する総司令部渉外発表」㋺（この国にとどまることを選んだ朝鮮人は日本の法律及び規則に服し……）
1947	1月　中学部第2学年を増設。 1月　各地の初等教育機関を「朝聯初等学院」と呼称統一。 2月　東京朝聯第三初等学院設立。 4月　日本の新学制（六・三制）に合わせて教育機関の名称を「朝聯〇〇学校」と再統一。 5月　東京中学部新入生入学式。	3月31日　「日本学校教育法」「教育基本法」公布。「各種学校」「雑則」の項に定義される。 5月2日　「外国人登録令（ポツダム勅令207号—旧憲法に拠る最後の勅令）」　参政権から排除し、「当分の間、外国人とみなす」として入国許可を必要とし強制

戦後都立朝鮮学校にあらわれた問題点　59

	朝鮮人学校側の動き	日本文部省側　GHQ側の動き
	5月　朝鮮人第一初等学校（荒川区）整備され、全国初の自力での独立校舎建設。 5月20日　朝聯関東地方協議会から特別基金を集め小中校教室改築事業を推進。 9月26日　＊第一初等学校各種学校の認可受ける。	退去制を定めた。国籍はまだ日本国籍。 5月3日　「日本国憲法」公布 6月8日　日本教職員組合（日教組）結成 6月頃よりGHQ大阪軍政部民間情報担当官と府視学官による、朝鮮学校に対する合同実態調査行われる。 8月　大阪府学務課が文部省に「朝鮮人学校の取扱いについて」指示を求め照会する。 10月　GHQの「民族教育に対する基本方針」が出される。㈧「朝鮮学校は、日本（文部省）のすべての指令に従わしめるよう……」
1948	3月29日　朝鮮人教育対策委員会、都知事宛ての「朝鮮人学校取扱いに対する回答」提示（右項に対しての回答）。「朝鮮人教育対策委員会」は教育弾圧に対応するため同月結成。 4月3日　南朝鮮単独選挙と単独政府樹立に反対する済州島蜂起。 4月　都内朝鮮学校入学式。 4月19日　右項4.15通達に拒否回答。 4月20日　学校閉鎖令を受け、民族教育を守る運動に総力結集。 4月24日　<u>阪神教育事件（サ・イ・サ）</u> 4月27日　東京地検鈴木判事の逮捕状、ならびに同地検大澤検事の逮捕令状により、都下15学校責任者、学校長ら事件関係者の自宅を一斉急襲、朝9時までに	1月24日　<u>一・二四通達「朝鮮人学校設立の取り扱いについて」</u>出される。学齢児童生徒の教育については各種学校の設置は認められない……㈡ 4月15日「日本の法令に基づき学校の経営をすること」を通達。 4月21日　東京都は閉鎖命令に応じない各校を東京地検に告発。 4月23日　東京GHQ軍政教育官から閉鎖令に対する声明出される。 4月26日　安井都知事の告発により、警視庁捜査一課は東京地検大澤検事の指導で学校教育法第13条第2項、同84条違反として調査検討をすすめ、26日夜に至って都知事に出頭を求め事情聴取。27日左項の通り、校長らを検挙する。

	朝鮮人学校側の動き	日本文部省側　GHQ側の動き
	16名検挙、書類押収、取り調べ。日本政府は再び朝鮮人学校強制閉鎖令（行政執行法第5条）を下す。 5月5日　文部大臣（森戸辰男）と朝鮮人教育対策委員会代表（崔瑢根）が、私立学校としての認可を申請する覚書を調印。	4月30日　文部省「教科用図書検定規定」制定。 5月6日　文部省は学校教育局長の名で、都道府県に「発学200号」通達。左項の「覚書」の通り。
	5月（日付け不明）中等学校、日本教育法に依拠した私立学校の認可を受ける。東京朝鮮人高等学校を併設することを決定。 5月13日　＊第一初等学校、日本教育法に依拠した私立学校認可を受ける。 5月17日　第三初等学校（各種朝聯初等学校に変わってから）第1回卒業式。 6月初旬から、占領軍陸軍部第八軍検閲部とその上部機構GHQのCIEと二重検閲となる。 8月15日　大韓民国創建。 9月9日　朝鮮民主主義人民共和国創建。	7月15日　「教育委員会法」公布。都道府県及び市に委員会を設置する。職務権限として学校その他の教育機関の設置及び廃止に関すること、運営及び管理に関すること、等。「法律に別段の定がある場合の外、文部大臣は、都道府県委員会及び地方委員に対して行政上及び運営上指揮をしてはならない」（第55条2項）は朝鮮学校については、文部省が通達を出していた。
1949	4月18日　4月24事件1周年記念闘争中央委員会委員長の名で「朝鮮人子弟に対する教育費支給の請願」国会提出。 9月　朝聯と在日民主青年同盟が解散せられる。 　　指導者たちは公職追放となる。朝聯の活動家たちが運営にかかわっていた民族学校存続が不可能となる。 10月　高等部林光澈氏第4代校長就任。 12月20日　「東京都立」を争い取る。	5月　朝鮮人子弟に対する教育費支給の請願が国会を通過。 6月　文部省にて朝鮮人学校に対する援助金を給付しないと通達。 10月19日　日本文部省第2次「朝鮮人学校閉鎖令」を出す。 12月20日　都教育委員会「都立朝鮮人学校設置に関する規則」制定。

	朝鮮人学校側の動き	日本文部省側　GHQ側の動き
1950	1月29日　東京都立朝鮮人学校PTA連合会が結成され、理事長に尹徳昆氏就任。 3月　在日朝鮮人に対する強制送還問題おきるようになる。 3月23日　中学校第3回卒業式。 4月5日　中学高校新入生入学式。 6月25日　朝鮮戦争正式に起きる。 12月2日　都立朝鮮人学校教職員組合結成。	3月14日　文部事務官通達で外国人学校認可は文部省と協議する旨指示。

　年表1945年㋑在日朝鮮人の法的地位問題としてよく引用される条項は、日本敗戦直後日本にいる朝鮮人は「出来る限り解放民族として処遇される」(「日本占領及び管理のための連合国最高司令官に対する降伏後初期の基本指令」1945.11.　第8項）ことが言明されたにもかかわらず、統制、治安対象とされた。「しかしかれらはいまなお日本国民であるが、必要な場合には、敵国人として処遇されてよい」(同項）である。

　日本にいる朝鮮人児童のための朝鮮人自身による教育が当局から治安対象とされた起源は、敗戦直後ここから始まる。繰り返すが「日本国民であるが、必要な場合には敵国人として処遇される」、この条項こそが、1948年に激しくなされた朝鮮人学校への規制と弾圧、そして弾圧の後、一時的に公立分校、都立学校の形を取ることになった、在日朝鮮人教育の法的処遇の基となった。

　1946年11月20日附の㋺「朝鮮人の地位及び取扱いに関する総司令部渉外発表」は「解放民族」という用語は過去形として用いながら「引き揚げを拒絶してこの国に留まることを選んだ朝鮮人」は「日本の法律及び規則に服し、治外法権は認められない」旨が明文化された。言うまでもなく、帰国しなかった、あるいは帰国できなかった当時の朝鮮人たちは「引き揚げを拒絶した」のではない。祖国へ帰国できないまま、分断され内戦状態で激動する祖国を思い自分たちの役割を果たすべく、祖国の運動に日本で連動していった。その動きに対して「日本の法律及び規則に服し」という通達文が出された。

　この「11.20通達」は、1948年の朝鮮人学校閉鎖を打ち出すことになった文部省の「1.24通達」（年表㋩）につながっていく。1947年に入り、当時GHQ

指導の下にあった文部省が、在日本朝鮮人聯盟（以下朝聯と略す）、特にその中心になった民族教育活動を左翼的政治活動と、とらえたからである。「はじめに」で述べたように、GHQの占領政策上と、また朝鮮半島38度以南を占領していた米軍政の東アジア軍事戦略上から負の要因ととらえて、すなわち防波堤を建てなければならない対象と認識していったからである。そして日本国内の治安対象とする動きと結びついていく。

　1947年を境として在日朝鮮人の民族教育に対するGHQの政策がある意味での放任から弾圧に動いていった(12)。まず、GHQが日本文部省より先に動いた。大阪軍政府チームが上部機関である京都の第一軍団に民族学校について照会を求めていったり、大阪軍政部民間情報局担当官と合同調査をおこなったりする(13)。

　同年8月に大阪府学務課が、文部省に「朝鮮人学校の取り扱いについて」の指示を求め、照会している。1947年10月には、年表㋐「占領軍の民族教育に対する基本方針（総司令部民間情報教育局）」も出された。朝鮮人が「解放民族」であるという考えは、GHQでは完全に消えて、文部省に指示を出し、日本政府はそれに従っていった。

　　　朝鮮人諸学校は、正規の教科の追加科目として朝鮮語を教えることを
　　　許されるとの例外を認められるほかは、日本（文部省）のすべての指令
　　　に従わしめるよう、日本政府に指令する(14)。

　1947年は、勅令により「外国人登録令」が公布された年である。立法目的は、日本在留外国人とくに在日朝鮮人の取り締まりにあって、不法入国者、登録に関する義務違反、その他犯罪者に対する強制退去を規定した弾圧法といわれる(15)。ＧＨＱが一方的に朝鮮半島から日本への渡航を遮断して「不法入国」としたことに対して、南朝鮮における政治弾圧と戦火を逃れて渡航してくる朝鮮人には、乗り越えなければならない法的障害となり、後述のように、都立朝鮮人学校の生徒たちも闘いを組んでいくことになる。

　　　一・二四　通達　朝鮮人学校設立の取り扱いについて　（1948年1月
　　　24日官学五号　学校教育局長より文部省大阪出張所、都道府県知事宛て。
　　　文部省大阪出張所長に対する回答として）（文部省大阪出張所長に対する
　　　回答となった理由としては前述の通りである―筆者注）

　　　一、現在日本に在留する朝鮮人は、昭和21年11月20日附総司令部発表
　　　により日本の法令に服しなければならない。従って朝鮮人の子弟であっ

ても、学齢に該当する者は、日本人同様、市町村立又私立の学校に就学させなければならない。また私立の小学校又は中学校の設置は、学校教育法の定めるところによって、都道府県の監督庁（知事）の認可を受けなければならない。学齢児童又は学齢生徒の教育については、各種学校の設置は認められない。私立の小学校及び中学校には、教育基本法第八条（政治教育）のみならず設置廃止、や教科書教科内容等については、学校教育法における総則並びに小学校及び中学校に関する規定が適用される。なお、朝鮮語等の教育を課外に行うことは差し支えない。

　一、学齢児童及び学齢生徒以外の者の教育については、各種学校の設置が認められ、学校教育法第八十三条及び第八十四条の規定が適用される。

　この通達には「備考」として、前述年表⑫の1946年「11.20通達」がついている。「日本にいる朝鮮人は日本の法律に従うこと」、の次には、「日本の学校教育法に従うこと、民族教育の自主性は認められない」こととなった。

　すなわち、義務教育期間には、日本の学校に通わなければならず、各種学校設置は、それ（学齢）以外の者の入学にのみ認められ、学齢朝鮮人学校が私立学校として存続するためには認可を受けねばならない。しかし、日本の私立学校（1947年学校教育法制定、総則第一条で定められた学校の範囲に当たる学校）認可基準を満たすのは朝聯設立の学校にとってほとんど不可能に近いことであった。

Ⅰ-2　粘り強い東京の撤回闘争

　1948年「1.24通達」の撤回を求めて、全国的に激しい闘争が展開されたのは当然である。死者も出した4月の「阪神教育事件」はこの民族教育を守るために燃え上がった、熾烈な戦いで有名である。また、占領下唯一の非常事態宣言を発した事件としても歴史記録にとどめられる。2月末から3月にかけて東京都、大阪府当局は朝鮮人学校責任者を呼び文部省の通達にもとづき、朝鮮人学校の認可手続きないし学校教員の適格審査を受けるよう通告したが、学校側は拒否した。大阪、兵庫は、上記のような、闘争に展開していった。

　東京でも、また粘り強い闘いが繰り広げられた。

　3月15日朝聯代表は東京都教育局に抗議し、「朝鮮人教育は朝鮮人の自主性

にまかせること」等、6項目の要求書を提出したが、都当局は回答しなかった。

　4月15日都知事から朝鮮人学校に対し19日までに、日本の教科書使用、私立学校の手続きをとるよう通告がだされ、「弾圧反対父兄会」が開かれた。

　4月18日朝聯の教育対策委員会は都下各学校責任者を招集し、都当局の最後的通達に対する態度を討議して、私立学校認可申請を行うための、当局への条件を練った。翌19日に都教育局と文部省に「朝鮮人学校取扱いに対する回答」として提出した(16)。

　4月20日東京都教育局長から、朝聯東京本部ならびに都内朝鮮学校16校に閉鎖命令が出される。21日、学校側は都教育局に閉鎖通達を返還する。

　4月26日安井都知事の告発により、警視庁捜査一課は東京地検大澤検事の指導で学校教育法第13条第二項、同84条(17)違反として調査検討をすすめ、26日夜に至って都知事に出頭を求め事情聴取をする。

　4月27日　東京地検鈴木判事の逮捕状、ならびに同地検大澤検事の逮捕令状により、都下15学校（分校、と中高校含み15校と数える）責任者、学校長ら事件関係者の自宅を一斉急襲、朝9時までに16名検挙し、書類押収、取り調べを行う。警視庁は事態の悪化に備え、関係各署の武装警官千余命配置したが、こぜりあいはおこらなかった。韓秉柱中学校校長（1947年11月に第二代校長）と尹徳昆理事長も検挙された。

　文部省は再び朝鮮人学校強制閉鎖令（行政執行法第5条）を下した。

　これについて朝鮮人連盟東京本部李某（名不明）教育部長は「こちらでは何も日本の法規にたてついてことを荒立てるつもりはない。朝鮮人としての自主性を認めて欲しかったわけだ。3日午後　本部で各校（都14校）代表と懇談した結果、当方では各校を閉鎖の上、改めて日本の法規に従って正式に私立学校としての認可をとることになった。」と述べたことが『教育年鑑　1948』に記載されている。

　4月の弾圧に対する撤回闘争は、全国的に多くの犠牲者を出し、世論も高まりを見せた。文部省は、当面弾圧としての学校閉鎖は出来ないと考え、5月5日文部大臣森戸辰男と朝鮮人教育対策委員会責任者崔瑢根の間で（立会人在日本朝鮮人連盟中央総本部文教部長元容徳）覚書が交わされ、各都道府県知事に通達された。それは、4月18日都に朝鮮人教育対策委員会が提出した「朝鮮人学校取扱いに対する回答」と「朝鮮語（民族科目）教科書」の項のみ、共通項を含むもので、これまでの自主的な精神で作り上げてきた朝鮮人民族教育

は日本の「学校教育法」に組み入れられることになった（注16参照）。
　ということは、4月には、文部省が回答しなかった朝鮮人側からの提案が、「非常事態宣言」による米軍憲兵隊司令官の指揮下で武装警官たちによる弾圧と多くの検挙者（4月の闘争では検挙者3,076名、内起訴者207名）と死者2名を出した挙句に、やっと朝鮮人側が手にできたものであったにもかかわらず可能性としては、私立各種学校ではない一条校としての私立学校の設置認可をとる以外に民族学校を守る道は無くなったのである。
　覚書の「二、朝鮮人学校問題については私立学校として自主性が認められる範囲において、朝鮮独自の教育を行うことを前提として、私立学校として認可を申請すること」があり、覚書中「私立学校として自主性が認められる範囲内」とは次の二つを意味するとして
　　　イ　朝鮮人自身で私立の小学校、中学校を設置し義務教育として必要最小限の要件を満たし、その上は法令に許された範囲において、選択教科、自由研究及び課外の時間に朝鮮語で朝鮮語、朝鮮の歴史、文学、文化等朝鮮人独自の教育を行うことができる。そして「ただしこのように朝鮮人独自の教育をする場合教科書については，連合国総司令部民間情報教育部の認可を受けたものを用いる」

　「朝鮮語を教えることを法令で許す」、という支配者の感覚があらわれている覚書である。これでも、もちろん、朝鮮人自身が総力を結集して勝ち取ったものである。
　この「5.5覚書」後、日本の教育令に従い、それが認める範囲内で民族教育を行うという線で妥協しながら、各地の朝鮮人学校は私立学校認可も考えながら、民族教育を続けていった。
　しかし、翌年朝鮮人学校存続を不可能にする決定的な、朝聯強制解散令がおりた。1949年9月、朝聯、在日朝鮮民主青年同盟が「団体等規制令違反」[18]で解散を命ぜられ、翌月10月「第二次朝鮮人学校閉鎖令」が出される。ここに、「旧朝聯」系による民族教育の運営は全面的に禁止という事態を迎える。教員も追放、建物も旧朝聯系とみなされるものは使用不可になった。
　その9月から2カ月間粘り強い闘いを続けた東京の朝鮮人学校は、都立化を争取するのである。「争取」は朝鮮人学校側からの表現である。学校側にとっても閉鎖を免れた代わり、東京都から干渉管理を受ける新たな民族教育への段

階であった。

　東京都側からすれば、教育費全額援助の代わりに、朝鮮半島を全面的に被う戦火の前触れの時期、治安対象とみなした朝鮮人子弟を一括して把握管理できるのであった。東京都から都立設置に関する規則の中に述べられた「本来なら各地域の公立学校に分散入学させるべきところ」「暫定措置として」（文部省は1カ年の限定を主張した）都立化された理由は、朝鮮人学校は日本の治安対象と位置付けられていたことにより、まとめられて管理される対象であったからでもある。

　朝鮮人学校公立化がなされる以前、すなわち朝聯解散直前朝聯の盟員が関与していた1949年7月には概数として、学校数293校、生徒数3万6,890人を挙げることができ、約1年前「阪神教育事件」1948年4月には学校数534校、生徒数5万7,204人にものぼっていた[19]。解放後4年間の朝鮮人たちの民族教育に対する情熱とその結果としての数値は、この論文では述べていないが、いうまでもなく驚くべきことである。閉鎖させられ分散入学生を受け入れる学校側も、準備が必要であったはずで、その点からも、そのまま都立化するのは都教育委員会にとっては、暫定的措置としての一つの方策であったと考えられる。特に東京都は朝鮮人学校就学率は高かった。1949年には、小学校2,659人（日本人学校就学者1,407人）、中学校953人（日本人学校就学者1,219人）、高校244人（日本人学校就学者136人）であり、合計すると、朝鮮人学校就学生徒数は3，866人（日本人学校就学学生数は1,840人）と全国よりかなり高い朝鮮人学校就学率（67.8％）を示していた[20]。

　学校側からすれば、教育費用獲得闘争も最後の段階で日本国会から拒否された後（年表1949年の項参照）で朝聯解散の後、学校を守るための手段であった。

　日本政府による治安対象としての朝鮮人子弟管理の視点からと、まだ「日本国籍」を有しているとされた朝鮮人たちが、民族学校公立化を争取するのは法的には可能な道であった。

　都立朝鮮人中学校に赴任した梶井陟の都立化に対する感想がある。

　　　政府やそのうしろだてとなっていた占領軍の姿勢としては、経過はどうあれ結果的には完全にとりつぶしてしまうという線がはっきりしていたわけだから、この経過の部分の内容をどのように自分の側に有利に受け止めるかという点で、権力側と朝鮮人側との条件奪取の段階だったような気がする。（中略）この当時朝鮮人学校の存続問題で連日のように文

部省やGHQへ足を運んでその折衝にあたったI氏が、後日語ってくれた回想の中につぎのような言葉がある。「まあ あのころは、どちらも引き下がれないという情勢でした。そのなかで同胞のなかからも烈しい反対のあった都立学校の形を作り出した。いわば妥協の産物、キツネとタヌキの化かし合いででもあったのでしょうか」 教育の自由を奪い取られていった在日朝鮮人の苦しみを思う時……味わい深い言葉だと思う[21]。

自分達の学校を存続させるため何とか、相手、都当局側の意図も呑み込みつつ、都立化を争取したのであり、都立化当初から困難な問題をかかえての見切り発車であった。

この状況の中で、閉鎖を免れた新たな学校作りに、張り切っていた朝鮮人教員たちの姿を伝える文もある。

烈しい闘いの日が2カ月ほど（閉鎖令から都立化まで―筆者注）続いた。ある日管理組合の理事長から「明日、都教育庁の面接試験があるから全員出席して下さい」と言い渡された。試験官が10人くらいずらりっと並んでいた。面接も試験であったはずなのに、試験管と受験者の間にはどちらが試験官だか区別がつかない程混乱し始めた。今考えても自分を疑うほどの情熱がみちていた[22]。

試験官を逆にとっちめるような問答が、民族教育に関する支配干渉である「朝鮮人教員適確審査」[23]の面接試験ではなされていた話である。

廃校まで5年3カ月間、都立朝鮮人学校は存続し、朝鮮人日本人教員は一緒に結成した東京都立朝鮮人学校教職員組合（以下朝教組と略す）を中心に共に闘い、実質的な廃校措置までの期間、民族教育を守っていった。

Ⅰ-3 東京朝鮮人学校における「各種学校」の問題、また「私立学校認可」の問題

都立朝鮮人学校は都立化されて後1955年3月私立移管の名目で廃校となり、同日3月23日各種学校としての「東京朝鮮学園」を認可するという形で「決着がはかられた[24]」。

前述した通り、1948年には、就学義務のある者についての各種学校は認められないとされ、全国的に撤回闘争が繰り広げられたのである。その1948年「1.24通達」に関連して当時の森戸辰男文部大臣は衆議院で（第2回衆議院

1948年4月8日）発言した、その要旨の一部は、次の通りである。

　　　教育については教育基本法、学校教育法等の法令に服しなければならない。したがって在日朝鮮人子弟でも学齢に該当するものは、義務教育として小、中学校に就学させなければならない。これら就学義務のあるものについては各種学校は認められない。もちろん、朝鮮人であっても私立学校の設置をすることができる。しかし、それは学校教育法に基づいて監督官庁の認可を受けなければならない。尚その際朝鮮語あるいは朝鮮の歴史文化を教えるということは差支えない。(25)

　すなわち、小、中学校の各種学校を閉鎖して、日本の学校教育法に準拠した一条校(26)私立学校設置なら認可するというものだった。朝鮮学校側も私立学校認可を取るつもりである、との発言もあったのは、すでに見てきた通りである。

　都立化からさかのぼること2年8カ月前の1947年4月12日、文部省として示した最初の朝鮮民族教育方針といえる「朝鮮児童の就学義務に関する件」（文部省学校教育局通達）では「義務就学を強制することの困難な事情が一方的にあり得るから実情を考慮して適切に措置されたい」とし、小学校又は上級の学校、若しくは各種学校を新設する場合に、府県はこれを認可して「差支えない」、と回答している(27)。

　東京都の朝鮮人学校取扱い要綱でも1947年10月3日附けで、朝鮮人の小、中学校、新制高校(28)については「各種学校」として設立を認可する、としている。

　そして、後述のように、朝鮮人学校側一次資料確認では、東京朝鮮人学校のうち3校は、各種学校の認可申請が通っていた。Ⅰ-1の「都立朝鮮人学校成立過程」の作成「年表」＊印関係の項である。

　1947年公布された学校教育法第83条各種学校規定「①第一条校に掲げるもの以外のもので、学校教育に類する教育をおこなうものは、これを各種学校とする。④…各種学校に関し必要な事項は、監督庁が、これを定める」による認可である。

　敗戦直後の都の各種学校は、学校教育法制定1947年の翌年1948年3月の文部省通達によって「1以上の教科もしくは技術又はこれらの双方を教授する教育施設にして、2名以上の教員と20名以上の生徒を有するものは、すべて学校教育法第84条の規定によって、これを各種学校と認める」とされ、各種学校

の認可を受けることは、困難ではなかった⁽²⁹⁾。

　しかし、許可を与えるだけで、外国人各種学校における教育問題を考える対象ではなく、GHQの指令のままに通達を出し、法令で縛る治安対策の対象でしかなかったといえる。

　「東京朝鮮中・高校の沿革史」記録ではすでに、戦後の「学校教育法」以前、1946年11月8日「私立各種学校として東京都長官（都知事——筆者注）の認可を受ける」⁽³⁰⁾の記載がある。また、その沿革史発行3年前の「東京都立朝鮮人高等学校　中学校PTA.1953年度学校報告書」⁽³¹⁾にも「学校沿革」には同様の記載がある。10月に開校式をやり、11月には各種学校認可を受けている。

　「都立第一朝鮮人小学校PTA編『学校の実態と沿革史』1954年12月」では、「1947年9月26日各種学校の認可を受ける」とある。

　東京都による各種学校の統計では1947年4月には、各種学校種別に「外国人」欄があり、4校（内休校2校）ある。法的地位としては日本人である時期であり朝鮮学校は計上していないだろう。1949年になると「外国人」欄はなく種別では特定できないが⁽³²⁾、「その他」欄があり、そこでは27校の各種学校があることになっている。1952年は、東京朝鮮人学校にとって各種学校ではない都立の時期であるが、52校が「その他」欄に計上されている、「その他」に朝鮮人学校が含まれているか定かでない。しかし、この統計の出し方からみても、「外国人学校」としてはもちろん「朝鮮学校」の項がないことから東京都にとって朝鮮人学校が各種学校ではあるが小、中校の学齢児童のための独立した学校として、計上する対象ではなかったかのようである。朝鮮人学校は当時新聞などマスメディアを賑わせていた問題であるにもかかわらず、項目としては無いのである。

　このように、都でさえも「この通達の段階1947年において東京都内に存在した各種学校は都の調査では218校とされているが、内容的に東京都では明確に把握することはきわめて困難なことであった⁽³³⁾。」中で東京朝鮮人学校は、各種学校認可を得ていった、とも言える。

　金徳龍前掲書「1949年に閉鎖命令を受けた学校一覧表」では都内朝鮮人学校すべてに認可を表す「認」の印がついている。注として「文部省資料（日付なし）に基づき作成」であり貴重な資料となる。「1949年11月4日現在」の資料であり、すべて「財産接収」欄は「無」で「備考」欄には「自主廃校」と記録があり、学校建物と生徒そのままで都立化されたことも示している⁽³⁴⁾。当

時「朝鮮人学校に関する第一次措置の報告について」が義務づけられており、都から文部省に報告した資料として信憑性は高い(35)。

前述したように東京朝鮮人学校は「教育法第13条第二項、同84条」違反として調査をすすめたのであるから、「学校教育法」で認められた学校でなければ法が適用されないはずである。都立化された朝鮮人学校は私立各種学校として認可はとっていたことが明らかである。東京都の各種学校統計には、表にあらわれていなく、うがった見方をすれば、文部省が認可を与えるように都に指示して、その後「教育法違反」を適用したこともありえる。

朝聯が学校体系を作り、認可するかたちでできた学校である。1947年には「学校管理組合」を作って、通学児童の保護者だけでなく、学区内に居住する一般朝鮮人の負担に切り替えている。前述したように独自の教育体系もでき、経済的にも困難な中で、一般朝鮮人（学齢相当の児童がいない家庭）も民族教育を負担するようになっていた。

東京朝鮮人学校への高い就学率の原因は、在日本朝鮮人聯盟中央本部のある東京地区が自分たちの教育にかける意気込みを反映している。都内の朝鮮学校の都立化にいたる沿革史では、全国初めての学校事例がいろいろあることがいえる。

例えば、荒川区には独立した新校舎落成もなされていた。他学校の校舎は、すでにある建物を補修しながら、校舎に充てていた時に、であった。

教育の充実をめざして中等教育学校の創設に取り組み、1946年8月に「東京朝鮮人学校期成会」を発足させ、困難な状況をクリアしながら、2カ月後10月には、これも全国に先駆けて朝鮮人中学校開校式を迎えていた。高等学校入学式は1948年10月であった。初代中学校校長は朝聯中央議長を初代から務める、人格者として全国の信頼を受けていた尹權氏が兼任した。

また、入手できた「東京朝鮮人学校沿革史」では、その後「私立学校」の認可を受ける動きが見られる。各種学校の認可は取れなくなったので、「一条校」としての私立学校である。

例えば都立朝鮮人第一小学校では、1949年12月19日（20日から都立になる—筆者注）までの朝鮮人学校を「私立学校」として扱い1948年5月13日「日本教育法による私立学校の認可出る名称東京第一朝聯小学校　児童数286名」、とある(36)。別頁に「5月私立学校認可を申請する」とも書かれている。申請する形で存続させていたことは、考えられる。前述の1949年朝聯教育部長の

「あらためて私立学校の認可をとることとした」という言を遂行する努力のあとである。

都立第一朝鮮人小学校PTA「学校の実態と沿革史」では「1948年4.24～1949年12.19」が私立学校時代と考えられる。東京都立第三朝鮮人小学校（板橋区板橋町）も同胞のアパートを買収して改造しており運動場も借りていた。同校PTA「学校の実態と沿革史」にはやはり同年5月17日「日本の教育法による私立学校の認可出る。名称東京第三朝聯小学校」とある。

都立第四小学校（足立区本木町）PTA編「朝鮮人学校の栞――本校を中心として」には養蚕業の建物を買い取って、バラックであるが、校舎を建てていたことが記され「事件以後無理やりに日本の教育法にもとづく私立学校としての認可申請をすることにした。しかし、日本政府は校舎の規格、様式、種類の不備をたてに認可を拒否し」とある。ちなみにこの校舎の不備を裏付ける話であるが、第四小学校は1949年キティ台風が襲った翌日、一部倒壊したという。どんなに貧しい建物であったか、しかしそこで朝鮮人としての教育を守ることが、貴重なことであったか、を示すエピソードである。そして、「どうせ閉鎖されるなら日本に取られてしまうなら、こわしてしまおう」と保護者たちが涙ながらに校舎を打ち壊しにかかった、ことも書かれている。

「私立学校移管」に関して「沿革史」から確認できたのは、中、高校と上記3校の小学校にすぎない。中学校でも、「沿革史」には「各種学校認可」の後に1948年「5月（日付け不明）日本教育法に依拠した私立学校の認可を受け取る」とある。「5.5通達」を受けて、再度認可をとったものであろう。5月21日には、高等学校併設を決定している。

このように、朝聯独自の教育体系を備えながら、日本の各種学校の認可も取り、それが認められないものとされ、一条校の認可申請もしようとしそれはほとんど不可能にちかいことであり、そこに決定的な1949年の「学校閉鎖令」が当局から出されたのである。

この論文で各種学校認定を問題にしたのは、都立朝鮮人学校が廃校に直面した時、再び浮上した問題だから、である。当局は、廃校措置として都立から私立学校移管―私立各種学校移管をもちだしてくるのである。

しかし、朝鮮学校にとっては、自分たちの小学校、中学校は日本の私立各種学校という意識よりも、自分たちで作り出した独自の民族教育体系であるという意識が強かった、といえる。日本の六・三制と同じように日本の国内義務教

育制度に合わせて校名も「朝聯初等学院」から「朝聯第〇学校」と変えていくのではあるが、これも義務教育を自分たちの手で行うという自負と誇りがあった、といえる。各種学校は「朝鮮師範学校」などを指しているのである。東京都からの認定も記録にはあいまいであり、朝鮮人学校側からもはっきり書かれていなかった「各種学校」の問題である。

　不可能の中から生き抜く道をさぐったのが、「都立化」であった。しかし「講和条約」締結後には、外国人の学校として廃校措置を受け、また今度は私立各種学校として移管するよう強制されたのである。矛盾に満ちた都立化であり、廃校もまた矛盾に満ちた措置であった。

II　廃校時における問題

II-1「就学義務」と「各種学校」について

　都立化されて5年後、都立朝鮮人学校廃校反対闘争に立ち上がった都立朝鮮人学校教職員組合情宣部編集発行「民族の子—朝鮮人学校問題」(1954.11)は33頁からなる、都立朝鮮人学校が抱えている問題をまとめたパンフレットである、その中に「廃校後の措置　各種学校とは」の節がある。

>　「都立学校廃止後は私立の学校を設立して児童生徒の教育にあたられるよう希望する」と当局は廃校後の朝鮮人学校の形態を示唆しているが誠にこの人々たちは物忘れが得意である。民族教科を教えようとする朝鮮人学校がかつて学校教育法による私立校として認められることはなかった。(48年5月迄は各種学校、それ以後私立学校の認可申請に対し全国一校も認可されていない。現在自主校と呼ばれているのは各種学校の許可さえ得られない無認可校である)だから私立の学校とは各種学校のみが法的に可能性があることになる。

　ここの私立学校とは一条校私立学校である。認可問題に関して、他の一次資料との齟齬があるが、これも朝鮮人学校側が、民族教育を守るために認可を取りたかったのに、ほとんど不可能であったかを訴えたものである、と読める。

　都立朝鮮人学校廃校反対闘争とは、「朝鮮人は「外国人」になったのだから公費で面倒を見ることはない」という行政側からの廃校意図に対して、これま

での都行政側の矛盾をつくものでもあった。この論文では「各種学校」が否定され、「私立学校一条校」の認可を取るのは不可能だったことを述べてきた。今度は、自分たちで「私立各種学校」を作るようにと、東京都が「私立移管」を申し渡してきた。「名目は移管でも実際は閉鎖」(37)であり、「民族の子」に書かれた文は、行政がかつて否定した各種学校へ移管させる矛盾をついたものである。

小沢有作は、「朝鮮学齢児童は日本公教育に服さなければならない」という就学義務を理由に朝鮮人学校に閉鎖令を出した問題と、「講和条約」の後は都立を私立移管する問題の間にある矛盾を、廃校反対運動の思想を紹介しつつ、次のようにまとめている。

> 1952年秋から冬への都立朝鮮人学校私立移管反対運動(「東京朝鮮人学校教職員組合」を結成し日教組の傘下にも入り闘った——筆者注)は、都立朝鮮人学校を守る問題を大衆運動の課題にまでおし上げ、そのことを通して、東京都の私立化の企画を延期させると同時に、「公費による朝鮮人の保障」を運動の思想として掲げるにいたった。これは「講和」後の政策として提出されようとしていた公立朝鮮人学校廃止から就学義務の廃止という企図にたいする対抗の思想として、提起されたものであった。政府の形式的法制論にたいして、植民地支配責任の自覚をせまる道義論を対置するものでもあった。そのことによって、この時点では、在日朝鮮人側がその子弟の「義務教育権」を主張し、政府が「就学義務」制廃止を説くという、一見これまでとは逆転した現象が生じたのである。(38)

在日朝鮮人側と政府の間にある、「講和」後逆転した「各種学校」の問題は、小沢が分析したように、「義務教育権」と「就学義務」の逆転問題にもなり、在日朝鮮人側と私立化反対運動側は、都立校廃校を「義務教育権剥奪問題」とも考えた。1952年9月27日、東京都教育長加藤清一の名で出された通達「朝鮮人子弟の公立小・中学校及び高等学校への就学について」の内容は

> ……法的には多少の疑惑があるが、日本との平和条約(「講和条約」——筆者注)第二章第二条により、日本国は朝鮮の独立を承認し、朝鮮に対する総ての権利、権限を放棄すると規定してあるので、朝鮮人は当然日本の法令による義務教育を受ける権利を喪失すると共に、朝鮮人の子弟就学は左記による事が適当と考える。

を前文としていたからでもある(39)。都立朝鮮人学校以外の公立学校に通達

された「義務教育権剥奪」の問題を、都立校廃校にかかわる問題としてとらえ朝鮮人学校側が闘って主張したのは、短期間であれ日本公立学校義務教育の現場での体験があったからこそ、ではないか、と私は考える。

この「就学義務」について、佐野通夫は「戦後日本の教育では、日本国憲法の制定により教育は「臣民の義務」から子ども達の「教育を受ける権利」に変わったに拘らず、文部省においては戦前の「臣民の義務」としての教育という考えが継続している」ことを指摘している(40)。朝鮮人学校側では、義務教育としての場を奪われる危機にさいして、権利剥奪として闘わざるを得なかったが、「義務教育を受ける権利を喪失する」という通達はいじめでなくて何であろう。

小沢のいう「逆転した現象」も、戦後直後からGHQの意向に追従して朝鮮人学校閉鎖令を出してきた挙句、「講和」後は朝鮮人「学齢児童に対しては、日本人同様就学義務を施行してきたが、今後は行う必要はない」(41)とまで断言し、「学齢に該当する者は、日本人同様、市町村立又私立の学校に就学させなければならない」明記の「1.24通達」とそれを解説する森戸文相の発言「在日朝鮮人子弟でも学齢に該当するものは、義務教育として小、中学校に就学させなければならない。これら就学義務のあるものについては各種学校は認められない。」を忘れたかのような態度をついている、のである。各種学校ではない日本義務教育の場から出た、「義務教育剥奪」反対のスローガンであった

1945年から都立校廃校までの流れの中でも、なんら朝鮮人民族教育側にたって考えられない点で、一貫した行政側の姿勢であった。

1952年6月23日、朝鮮人学校私立化反対運動の1つとして日本の「文化人」たちに朝教組が呼びかけて「朝鮮人教育問題懇談会」が作られる。その席上、戦前京城帝国大学法文学部哲学教授にして、戦後すぐ文部大臣に就いた安部能成の質問と、朝鮮語教材作成等にも活躍した李殷直とのやりとりは、上記の形式的法制論と道議論を対峙させて考える安部の姿と、民族教育に理解を求める朝鮮人学校側の苦悩を浮き彫りにして見せている。

 安部 「あなたたちが、私立移管に反対だというのは道徳的に民族教育が認められないことにたいしてなのか、経済的にやれないからというのかその点がはっきりしない。」

 李殷直(司会)「それは両方です」

安部 「どちらが主要問題なのですか、経済的政治的又は道徳的な。」

李 「結局、経済的な困難も政治的弾圧も学校をまもれないようにするという事で、この点で道義上の問題と言えます。」

安部「形式論理で外国人になったとはいえるが、両民族の関係を考えれば、できるだけのことをしなければならない事だと思う。」(42)

　このやりとりについて、「安部氏の質問に答えられなかった我々」とのコメントが同誌にあり、「道義上」の問題として、朝鮮人廃校問題を括らなければならなかった苦悩を説明している。朝教情宣部として廃校反対闘争を担っていた梶井は、この言葉をきいていて後に、安部能成について論じた文の中で、安部の朝鮮との係わりを考える。

　この席での他の多くの人々の意見の、政治的な姿勢がかなり明確にとらえていた中で、ひどく異質な感じのする「倫理的―道徳的立場」という言葉のひびきに敏感に感応してしまったからかもしれない(43)（安部は、『平和と教育』掲載記事より、実際は多く発言していた。「道義上―倫理的―道徳的立場」はこの場では同義である）。

　戦前に植民地朝鮮で教鞭をとっていた安部は、戦後の朝鮮民族教育弾圧に対して闘う現場教員たちと、朝鮮半島をめぐる政治情勢について認識のずれがあったわけである。一方で、朝教組は大物文化人としての安部の「できるだけの事をしなければ」の発言に勇気付けられながら、廃校反対闘争をすすめていく。

朝教組では

　　この時期にこのような政策が、私立移管政策に引き続いて出された事は、52年末から53年始めにかけての内外情勢――アイゼンハワー大統領当選、まきかえし外交政策、アジア人同士を戦わしめよ、ヤルタ協定廃棄等の相次ぐ声明、李承晩大統領来日と日韓台三国軍事ブロック結成の企図、保安隊の成立、スト禁止法の国会上程等の一環として、また52年に実施されようとし、意図通りに実現されなかった強制送還問題等が、朝鮮人の耳に比較的ゆるくひびく義務教育権問題へ、姿を変えて現れたとみるのは考えすぎだろうか。(44)

と義務教育権を剥奪する背景にある内外国際情勢の下で日本の政治状況を分析した。

　当時の内外情勢に対しても闘う日教組等の民主勢力を負の要因と考えた日本政府は、日教組傘下の朝教組の廃校反対闘争に対して、民族学校廃止を教育政

策上の義務教育権剥奪に結びつけていった。

　小沢の文にある「公費による朝鮮人の保障」とは、「日本の公費で朝鮮民族教育を日朝国公正常化の日まで、保障して欲しい」という朝教組からの要請の1つであった。しかしこの運動が実現するには、あまりにも当局との朝鮮人民族教育に対する認識はへだてられていた。弾圧を繰り返してきた挙句、廃校を決定したのであり、また「外国人を都民の税金で見ることはない」という世論が強まった、ことも理由にして「都民の負担において過去と変わらない都立朝鮮人学校を運営することはもはや許されないことといわなければならない」と「廃校通知」に述べる都教育委員会であった。

　廃校についての『朝日新聞』1954年9月21日（夕刊）

　　　各府県に同種の事件が発生し、全国的に注視されている朝鮮人学校の問題について、東京都教育庁では20日、各関係筋の意向を取りまとめて最後の「断」を決めた。これによると、東京都内の公立全朝鮮人学校、小、中、高計14校を来月一杯で廃校とし、新学期の4月からアメリカン・スクールなどと同組織の「各種学校」として新発足させる方針である。各種学校移管は、認可OKをほのめかしている委員が多いので、教育庁側の方針が実現するものと見られている。

　　　一応は「私立学校」への移管説も出たが、廃校の理由が「朝鮮人学校の教育内容は、日本の学校教育法を無視して、民族教育をやっている点が多い」となっている以上、私立学校に移管しても、教育法無視の心配がある。また「在日外国人が日本の教育法で日本の義務教育を受けるのはおかしい。どこの国にもそんな実例はない」との意見が圧倒的に多く、教育庁では「各種学校」移管の方針をきめたという。当局のいう「各種学校」とは、例えばアメリカン・スクールのように学校運営には干渉の規定がなく民族教育をやってもよいというものである。しかし朝鮮人の場合には、学校運営の諸経費に困るとの見通しがあるので、ただちにいままで出していた年間7千5百万余の教育費を一気に打切ることは出来ないとの見地から、小、中、高校のいまの在校生については出し、新入生からは打切る方針である。

　そして、次の見出し「進学に特別の考慮を東京都私立学校審議会委員石井満氏の話」のあとに、「「各種学校」への移管には私も賛成だ。おそらく各委員会も同じ考えで、もし朝鮮人側が認可を申請してくれれば審議会もパスさせると

思う。各種学校になると上級学校への進学資格がないことになるが、この点については文部省、外務省、教育庁、都私学課などに協力して特別措置を考えてやるべきだ。私は先日、わざわざ文部大臣を訪ねて、以上の意向を伝えておいた。「私立学校」移管に反対したのは、外国人が日本の教育法で日本の義務教育を受けるのはおかしいし、どこの国にもそんな前例がないという国際的見地もあったのである」のコメントも出ている。外国人学校卒業生の国立大学入学資格問題は、都立朝鮮人学校一条校廃校問題と同時に、派生していた問題である。この「特別の考慮を」という考えも58年間も解決されないで来てしまった、朝鮮学校排除の問題の一つである(45)。

Ⅱ－2 廃校のための暴挙──「2.28事件」「3.7事件」「六項目問題」

都立朝鮮人学校について1952年夏からは「北鮮系の赤の学校」のイメージづけ攻勢がマスメディアから、かけられていた(46)。都立朝鮮人小学校の日本人教員も出席して座談会の中傷記事が出されてもいた。

1951年、2月と3月は「2.28事件」と「3.7事件」と呼ばれる、3,000名からなる警察隊乱入事件がおこる。突然、「突っ込め」の号令と共に乱入した警察隊により、生徒たち、教員は暴行を受け学校から追い出されるという暴挙である。負傷者収容のためかけつけた医師や日本ニュースのカメラマンも重傷を負う。「2.28事件」は朝鮮人高校生が反戦ビラを所持していたという理由で、元朝鮮人高校寮生だったので、家宅捜査として早朝警察予備隊500名と私服刑事60名が寮を襲った事件である。その事件についての3月7日ＰＴＡ総会に、無届集会であり違反行為だと警官がおしよせＰＴＡ総会を妨害、これに生徒たちが抗議している間に続々と武装警官が増え3,000名以上に達し、父兄たちが学校を出ると拳銃一挺紛失したと学校に乱入、生徒たちと教師たちに暴行を働き生徒たちを学校から追い出した。その場から病院収容者20余名、うち危篤を伝えられた者3名、検束者9名。「教員もくそもあるか」「国家権力に文句あるか」など棍棒をもって生徒たちをなぐりつける警官たちの様子が当時の学校側の記録に残されている。『朝鮮人学校の日本人教師』にも、梶井も執筆したと思われる、東京都立朝鮮学校教職員組合情報宣伝部発行の「民族の子」にも書かれている(47)。「教職員は事態を収拾するために、生徒を教室へ誘導して衝突をさけようとしたが、警察隊は教職員の意思など歯牙にもかけず、生徒と警官

の間に立って事を鎮めようとした教職員にたいしても……」暴行を働いた、のである。1948年の朝鮮人学校問題は、新聞誌上でもよく取り上げられていた、しかしこの事件は取材していたカメラマンも重傷を負いフィルムも取り上げられ、マスコミには事実を書くことはご法度の事件であった[48]。都立朝鮮人第一小学校でも同年3月1日「3.1記念学芸会」に荒川警察隊が乱入している。

都立化されて、1年と数カ月たち、生徒たち、日本人教師、朝鮮人教師たちが落ち着いて学校生活が送れるようになっていた矢先の出来事である。

警察隊と警察予備隊の乱入暴行は、「朝鮮人学校」は警察の捜索を受けるそれなりの理由がありとマスメディア上でイメージづけるための乱入であった。学校側はなされるがままに暴行を受けるだけで、抵抗すれば「暴徒」として取り上げられるのであった。これらのイメージづけは、廃校反対に理解を求める朝教組にとって大きなマイナスとなった。

「六項目問題」とは、1953年12月8日都教育委員長が、口頭で伝えPTA連合会に文書による回答を求めたものであり、がんじがらめの状態で朝鮮人教育の一切を否定するものであった。以下の通りである。

1．イデオロギー教育をするな
2．民族課目を課外に行え
3．定員制を守れ
4．生徒の集団陳情をやめよ
5．未採用教師を教壇にたてるな
6．教職員以外の者を教職員会に入れるな

ＰＴＡ側は翌年2月9日「6項目は憲法違反であり、回答する必要は認めない」と拒否。

しかし同日、当時「教育二法案」（『義務教育の諸学校における教育の政治的中立の確保に関する臨時措置法』）が閣議決定された事情もあり、PTA連合会は事態が容易ならないところまで来ているのを察知し、都教育委員会と交渉に入った。細目交渉にも入ったが、交渉は打切られ、3月30日は4月新学期の無期延期を各朝鮮人学校長宛ての通告を受けた。

翌年4月9日「六項目」受諾せねば即時廃校の最後通達を受け、涙をのんで「六項目」を受諾する。

ところが「六項目」は受諾すれば廃校を免れる、というものではなかった。受諾直後教育庁の一課長が思わずつぶやいた言葉が「困った。まさか受諾しな

いと思ったのに」であった。受諾しなければ廃校にできるところだった、という本音をあらわしている言葉である。朝鮮人学校側は、朝鮮民族教育の本質が失われつつあるのではないかと憂慮しながらも受諾したことにより、廃校理由は消滅したと考えたが、ちがっていた。都は、「六項目」を受諾されたので、次の廃校理由として「外国人だから公費による外国人の特殊教育は正常ではない」としてきた。1953年8月には大達茂雄が文部大臣として「朝鮮人学校は廃校にすべきであり、朝鮮人の集団教育は認めない」との談話を新聞紙上に発表した。10月5日ついに、都教育長、同次長、学務部長らと、文部省初等中等部局長ほか警察庁、警視庁、公安調査庁、内閣調査室の各代表と打ち合わせた上、PTA連合会に「1955年3月31日限廃校とする」旨通告したのである。

都当局は「六項目」厳守（「指示に一項目でも違反した場合には直に廃校措置をとる」との都当局の言明であった[49]）という、自主的な朝鮮人教育を損なうような措置を取りながら半年後に、「廃校通告」を出してきたのである。

「六項目」により、朝鮮語等民族科目は課外授業となったが、教材はすべて教育委員会の許可を得なければならなかった。戦前の検閲を思わせるような削除が現れた[50]。小学校朝鮮語六年用の「キュリー夫人」の略伝が「六項目」により削除されたと記録されている。

朝鮮語原文はかつて『朝聯中央時報』[51] 89号、1949年、4月6日号に掲載されていたものだった。教科書作りにも意慾を燃やして短期間に朝鮮語教科書をつくった「朝聯」に、当局は強制解散後も神経をとがらしていたことを示している。

III　日本人・朝鮮人教員と朝鮮人子弟との教育現場

III-1　済州島出身が多い都立朝鮮人小学校

小学校は13校あった。現在も学校法人各種学校としてある都内の初級朝鮮人学校とほぼ同じ所在地にあった。その中でも、荒川第一朝鮮人小学校は、この時期の朝鮮半島における人民の運動と、その運動がはらむ希求を反映するいくつかの特筆すべき事柄がある。

朝教組が作成した「父兄の実態調査研究資料」（時期は特定できないが「こ

の調査がこれほどまでにスムーズに出来たことは、組合員の努力は勿論のこと、出したくない、いやむしろ忘れようと努めて来た昔の記憶を廃校を食い止める糧になるならと父兄たちが勇気を出し妻子にも語らなかった過去を語ったという、このひたむきな心」とあるので、廃校問題が前面に出た1953年当時のはずである(52)。

　父兄の出身地の調査については、済洲島452名で全校の父兄に占める割合72.6％である。

　出身地の問題と関連すると考えられることで、学齢未満の子どもの問題もある、と考える。

　「また、学齢未満と思われる子供が相当数、都立朝鮮人学校に在学している有様です」と都教育庁黒川学務部長は、廃校の説明で語っている(53)。

　現在の第一朝鮮人学校には、幼稚園も付設されている。上記の13校のうちどの学校が未就学児童を擁していたのか、判断の資料は無いが、幼児連れで、再渡日した朝鮮人もいた時期である。済洲島出身が多い理由は、1948年の南朝鮮単独選挙反対に端を発した「四・三蜂起事件」に起因しているからである。分断固定化の過程で、国連朝鮮軍による南朝鮮のみの単独選挙が1948年2月に決議され、単独政府成立のための単独選挙に反対する運動が起こる中、4月3日、済州島蜂起と大虐殺が起こる。済洲島では、5月10日の単独選挙を完全に阻止した（済洲島のみ翌1949年5月10日に再選挙）。単独選挙は国連軍警察が取り囲み、監視のなか行われた。蜂起の鎮圧のため国防警備隊、テロ団が大量に送り込まれ、7年余の闘争で8万人の島民が虐殺された。反乱部隊は智異山山岳地帯に入り、パルチザン闘争を展開した。約4万人が日本に逃れた、といわれる。逃れてきた朝鮮人には、少なくとも、未就学児の朝鮮語習得と保育の必要性があったから、である。前章で述べた、守らなければ廃校として東京都から出された「六項目要求」の中に「都が定めた定員制を守れ」があるので学務部長が、日本人向けに、情報を流している面もあると考えられる。しかし、この言に対しては、当時学齢未満児を受け入れざるを得ない朝鮮人の状況を如実に示している。

　また、13校ある小学校で、最大の生徒数（509人）である第一朝鮮人学校には、学務長の言う通りであるとすれば、未就学児も在学していたと考えられる。

　済州島叛乱当時は、日本では第1次朝鮮学校閉鎖令が出された後の、激しい闘いの時期であった。1948年4月28日『朝日新聞』第1面には「14校長ら検

挙　東京都　命令違反の朝鮮校」の見出しで被検挙者名も載せられている。その事件の関連記事として「共産党との無関係説を反駁　ア中将（アイケルバーガー第8軍中将――筆者注）声明」「阪神平穏に」「威嚇射撃で死亡」のそれぞれの見出し記事の下に

　　「目標は南鮮選挙　米側見解」として、「朝鮮人事件についてＵＰ通信のボーツ特派員報」とあり"神戸の騒乱事件については朝鮮人側も日本共産党側も共産党は事件と全然関係がないと主張しているが、アイケルバーガー中将の反駁声明に見られる通り米国人の多数は今回の事件を5月10日の南鮮総選挙を前に互いに呼応して反米ストをあおろうとしたものとみられている……と「占領当局の見解によると今回の大阪デモを計画した在日本朝鮮人聯盟はこれまでしばしばソ連の占領政策を支持して北鮮の民主人民共和国（朝鮮民主主義人民共和国政府成立は同年9月8日であり、この民主人民共和国の名称は興味を引く用語である――筆者注）を歓迎し国際的な共産党の政策の線に沿って行動してきた」

との報道がある。米国側は朝鮮半島の占領分断に反対した南朝鮮単独選挙反対運動と朝鮮民族教育擁護闘争を結びつけて、日本文部省に通達指令を出すようになったのである。

　また朝鮮戦争下、戦火におおわれた祖国を助けようとの動きの中で東京朝鮮人第一小学校の働きはめざましかった、という(54)。家族親戚が祖国にいて生命の危機にあるから、また弾圧されているからこそ小学生の彼らは動いたのであり、当時の官憲資料が述べているような共産主義者たちにそそのかされたものではなかった。朝鮮戦争で避難民として日本に逃れてきた韓国の人たちは「密入国者」として逮捕され、大村収容所から韓国へ強制送還された。済州島から逃れた人たちもそうであり、当時は送還されたら命の保障はない、といわれていた。小学校に限った問題ではなくもちろん、後述の中、高で大きく現れる問題である。在日朝鮮人の上に加えられていた最も重要な圧迫が学校問題及び強制送還問題であり、両者はしばしば表裏をなしてあらわれていた。学校に学ぶ生徒にとっても又父兄にとっても学校問題と共に、この強制送還問題がたえず頭を離れることのない恐怖のたねであった。その問題の表れたのは、小学生の活動であり、また、避難民が多い済州島出身者がいる第一小学校であった。

Ⅲ-2　都立朝鮮人中学校　監視されながらの学校生活

　1946年10月全国初の朝鮮人中学校として、東京・北区十条の旧日本軍の「板橋造幣廠」使用権を獲得して、地方からの生徒も募集して開校されていた。

　都立化されて日本人教師たちが赴任した。中学、高校兼任の日本人校長は安岡富吉である。安岡については、次のような記述がある (55)。

　「安岡校長は奄美大島出身で社会党に属した人であったために、我々の教育に多少理解があったが、教育に力を注ぐことよりも政治ブローカー的なことに熱心であり、われわれの信頼を受けられなかった。」

　安岡伸好の名で都立朝鮮中高を舞台にした、小説「遠い海」『群像』1960.10月号、中央公論社と手記「民族の城」(『文藝春秋臨時増刊　秘録実話読本』1954年6月号) がある。学校内部の人間でなければ書けないような微妙な人間関係に関することが多く、また主人公は奄美大島出身の教員の設定であり、奄美の言葉も頻繁に出てくる小説である。校長も奄美大島出身者として描かれている。手記「民族の城」の副題は「朝鮮人学校教官の手記」であり、安岡伸好なるペンネームの作者が教員として在籍していたのはまちがいない。教員名簿では、鹿児島出身教員は5名もいた（奄美が本土復帰は1953年）。そのように、都立朝鮮人学校職員室では、当時占領下にある奄美出身の教員の意識も交えて、朝鮮人たちの心理を理解しようとするが、距離を置いてしまう日本人教員の気持ちの揺れなども見られる。

　前述のように、朝鮮人学校教職員組合とその朝教組の廃校反対の闘争が繰り広げられる中で、高知での日教組第二回教育研究大会に朝教組から参加した中学教員李東準が『朝教組ニュース』にこう書いた。「やはり我々の運動のせまさと、あせりと説教主義的な点のあったことと、それでは解決しないことを感じた。(中略)『我々は民族的偏見にとらわれてはならない。マスコミュニケイションにだまされてはならない。朝鮮人を正しく理解しよう』隅々から激励して下さった方々のことを力強く思っている。」この文を梶井は「教研大会でなにが一番大きな成果だったのかと問われたとしたら、わたしは、ここにあげた李東準の感想の一端をあげることを、少しもためらわないだろう」と書く (56)。職場を共にして共に闘ったからこそ、「教研大会」で出た成果の感想であり、このような声が、私立各種学校に移管した後、朝鮮人教員から聞かれなくなっているのは惜しいことである。中学生は難しい年頃であるが、元気に勉強して

いたことがうかがわれる。安岡伸好は「民族の城」で書く。

　　校舎のあちこちに、国語常用と記したビラが貼ってあった。一歩校門
　をくぐると、異国の土を踏む感じであった。校庭の掲示板は、丸の横に棒
　を引いたみたいな朝鮮文字で埋まっている。口の端にトンガラシをくっ
　付けた中学の子供たちは、小犬のように弾む体をぶつけ合って、自分たち
　の言葉を叫びながら跳ね回っていた。恵まれない設備のなかで、彼等は
　活力に溢れ、生き生きとしていた。祖国の解放と、再建統一に若い胸を
　もやしているのであろうか。

　梶井の体験としても、「楽しかった泊りがけの採集旅行」や、「自分の朝鮮語の発音がおかしいと手を打ってよろこんでいじめる魅力在る生徒たち」との授業風景が書かれる。また、都立廃校反対闘争の東京都庁前の抗議集会写真でも、彼等中学生は、明るい笑顔を見せている、抗議の発言をしている人物に向かって「わぁ、ソンセンニム（先生）かっこいい！」とでも言っているかのように楽しそうに話をきいている[57]。

　文部省、都当局の廃校の意図がなければ、また強制送還される教え子がいなければ（梶井の同書にも出てくる）、身分が低いとされた薄給の朝鮮人非常勤講師たちや、梶井のような日本人教師やもちろん常勤の朝鮮人教師の努力によって、難しい年頃の中学生たちになんとか楽しい充実した学校生活が維持されていったにちがいない、そう確信させるほど教職員達と努力とその成果が見える中学生の姿であり、それは梶井の著書にも十分描かれている。

　しかし、この十条の校門横には、刑事の家があると小説「遠い海」には書かれている。朝鮮人学校への出入りは完全にチェックされていた。「分散入学せしめ」なくて刑事たちにとっては、都立化された方が楽だったと、私は皮肉りたくなる。教師達は尾行されるのはもちろん、生徒たちも私服刑事にノートを調べられたりすることは多かった、と書くのは梶井である。

　そのような状況下だからこそ、どれほど教職員たちが生徒たちのために民族教育を考えて守ろうとしたか、が切実に理解できる。

　小学校教員の一部が『読売新聞』誌上で、自分の教え子たちと職場を中傷することを前章で述べた。日本人教員たちが、朝鮮人生徒にすべて理解と愛情を持って接した、とはいえない。これまで植民地出身として見下げていた生徒たち、しかも彼等は自分たち「先生」にたてつくのである、うっぷん晴らしをしたくもなるかもしれない。しかしだからといって教育とかけ離れた仕打ちを生

徒たちにして、朝鮮民族教育にとって重要な時期に汚点をつけることをしてしまう教員は、戦後日本が植民地支配を反省していない面を表している。

Ⅲ-3 東京都立朝鮮人高等学校

都立朝鮮学校のバッジを衿につけて……「強制送還反対闘争」

　中学校、高等学校と校長は兼任していた。安岡伸好の『民族の城』では高校生について書いている部分が多い。中学校教員の梶井と同様、日本人教員は生徒たちからつるしあげを食うのであるが、朝鮮分断について調べて発言した後のことが書かれている。

　　私の話の内容はともかく、約束通り調べて来たということが好感を招いたらしかった。静かな授業がつづいた（「つるしあげ」の後落ち着いた様子、日本人教師は初めは皆つるしあげを経験した──筆者注）。彼等の日本語の能力をあやぶんで、用語に苦心していた私は、その答案を見て、それが杞憂であったことを知った。彼等は、六三制の甘やかされた日本の生徒よりは、日本語を知っていた。頭も良かった。その熱心な学習熱は、私に不審を抱かせるほどだった。千葉、埼玉、神奈川の奥から、通学時間を片道三時間もかけて、登校してくるとのことだった。……父兄は貧しい生活の中からその子弟を学校に送り込んでくるのであった。……明治維新の青年のように、希望に輝いていた。が、彼等は卒業したからといって、そう容易に就職できるものではないことは、私にも分かっていた。……私はその熱心な学びの姿に、むしろたじろぐものを感じるほどだった。

　そして、彼等高校生は、小学校の部で述べたような「侵略戦争．強制送還反対」「祖国防衛・日本再軍備反対闘争」運動にも積極的に参加していく。この運動は朝聯強制解散後、朝鮮戦争時に結成された、非公然組織とされる在日朝鮮統一民主戦線（民戦）の運動方針でもあった。「在日朝鮮人青年・学生の侵略戦争．強制送還反対デモ　1952年」のキャプション付き写真[58]には、なんと前列にりりしく眉を上げ、誇りにみちた表情で横断幕をかかげている学生服の男子の衿バッジは「東京朝鮮中高学校」のバッジであり、横断幕には「高三学年二級」の文字が読める。都立当時の写真である。

　都立朝鮮高校生の活動は「反戦ビラ一枚」持っていたという理由で、警官と

警察予備隊3000名もの導入と暴力行為が学校になされた「2.28」と「3.7」事件と呼ばれる事件が1951年にあった事を述べた。都立朝鮮人学校は、恐ろしい反平和的行動をとる「北鮮系」というイメージ付けだけのマスコミの取り上げ方の記事は、許されたのである。調べられる時「外国人登録証」を携帯していなければ拘束されても仕方がなかった時期である。何故彼等が危険をおかしてでも反戦運動、強制送還反対運動に参加していったのかを、今からでも理解しなければなんない、と私は考える。「学生旗」と名づけられた校友会誌[59]には、後に在日朝鮮人ライターとして知られる安宇植、朴寿南等の名前も見られる。

むすびにかえて

　なぜ、彼らは都立化に反対し、また私立移管に反対したのか？　日本当局側の弾圧政策に抗する必要性からであった。また、日本人たちに自分たち朝鮮人教育を理解して欲しかったからである。この論文の前半は、日本教育上の法制的な問題に終始したが、あらためて戦後から一貫して、日本文部省と教育委員会の朝鮮学校にたいする姿勢が変わらないことを再確認できる。

　各種学校から公立化、そしてまた廃校して各種学校へと追いやった点、日本人としての就学義務を言い立て、次には外国人として義務教育権剥奪を言い出す点等も、矛盾だらけの弾圧政策であった。この弾圧政策は、「はじめに」に述べたように朝鮮戦争時の米軍政とGHQの政策に文部省が従っていったわけである。ではGHQが去った「講和」後はどうか。外国人だから知らないと廃校にして、現在のかたちの朝鮮学校が朝鮮民主主義人民共和国からの資金援助も得て作られていった。都立朝鮮人学校では、朝鮮学校を孤立化させないように日本人たちが、努力した。それらの人達は植民地時代を知らない、戦後直後に大学生だった教員たちが多い。ここで就学義務を説く森戸発言を思う。「昭和22年（1947年）学校教育法、教育基本法の制定以来、これを朝鮮人子弟に適用すべきか否か、関係方面ともいろいろ熟議の結果、日本の児童と同様に扱うことにした。この法は平和主義的、民主主義的であるから、国語の点を別とすれば、隣邦の民族がその法のもとで学んでも多くの不当な点は存せず、むしろある点では不完全な教育より望ましい。そこで、昨年末（1947年）官学五

号の通達をした。」

　平和主義的、民主主義的である教育は、そこから本当に平和主義的に民主主義的に、解放されたはずの他民族と共に生きて行けるような教育でなければならない。戦後日本教育の分岐点[60]といわれる1950年に都立朝鮮人学校は始動はじめた（繰り返すができたのは前年12月20日）。分岐点時にでき一部良心的な日本人たちの協力も得ながら、廃校を余儀なくされ再び教育を剥奪されるのを日本人たちは防げなかった。せめて、当時の朝鮮人民族教育政策とその結果としての公立一条校としての姿を洗い出すことにより、現在の朝鮮人学校に対する理解のよすがとしたい。

【注】
（1）朝鮮問題研究会「戦後五〇年と朝鮮学校」『海峡』18号　社会評論社、1997年、p.22
（2）「東大教育学部　勝田・太田　両教授　朝鮮学校を調査」のコラム「平和と教育」第2号1952年11月にあり。東大教育学部在学中の小沢は、勝田守一、太田堯両教授の影響下にあった。
（3）『在日朝鮮人教育論　歴史篇』亜紀書房、1973年、Ⅳ章「朝鮮戦争下の在日朝鮮人教育」に2節「都立朝鮮人学校における進歩と反動」と4節「都立朝鮮人学校の廃校」として書かれている。
（4）高柳俊男　朴慶植編『在日朝鮮人関係資料集成　戦後編』第7巻2000年12月　不二出版「解題」
（5）マーク・ゲイン『ニッポン日記』筑摩書房、1951年
（6）B.Cumings、"Korea's Place in the Sun" W.W.Norton, 1997, p.288
　　この表現は理解しにくいかもしれないが、朝鮮戦争は1950年6月25日に、北側が攻撃を開始したことに始まるのではなく、解放後の朝鮮半島では、1945年以来内戦状態であり、朝鮮戦争始まりを1945年に考えるカミングスの説による表現であり、筆者も同じ考えである。
（7）ブルース・カミングス著　鄭敬謨・林哲訳『朝鮮戦争の起源第1巻』シアレヒム社、1989年、p.198
（8）ロイヤル陸軍長官演説1948年1月6日　原文はWe hold to an equally definite purpose of building in Japan a self-sufficient democracy, strong enough and stable enough to support itself at the same time to serve as a deterrent against any other totalitarian war threats which might hereafter arise in the Far East.（外務省特別資料課編『日本占領及び管理重要文書集』第2巻1949年　p.10）また、カミングスの原著では、「bulwark」が使われている。

（9）東京都立教育研究所編『東京教育史稿（戦後学校教育）』1975年、pp.381-382
（10）東京都立教育研究所編『東京教育史稿（戦後学校教育）』1975年、p.385
（11）作成のための資料は主に『도꾜조선중고급학교 10년사』1956년 10월 5일 창립 10주년 기념연학사편찬위원회 〈東京朝鮮中高校10年史 1956.10.5 創立10周年記念沿革史編纂委員会〉(1956, 10) その他「都立朝鮮人学校沿革史」（都立朝鮮第一小学校、第三小学校）『戦後日本教育史資料集成 第2巻』(1983年 第2巻) 三一書房、金德龍『朝鮮学校の戦後史 1945-1972』2002年、社会評論社、坪江汕二『在日朝鮮人の概況 ㊙』(1953年公安調査庁)、人名漢字は「在日本朝鮮人聯盟 第3回全体会議録」「第4回全体会議録」に依拠
（12）金德龍『朝鮮学校の戦後史 1945-1972』社会評論社、2002年、p.759、小沢：前掲書 1973年、p.215
（13）金太基「戦後における在日朝鮮人問題の起源──1945年〜1949年」一橋大大学院博士論文1991年、p.107
（14）『戦後日本教育史資料集成 第2巻』(1983年 第2巻) 三一書房
（15）朴慶植『解放後在日朝鮮人運動史』三一書房、1989年、p.109
（16）その提案は4項目で以下の通りであった。①教育用語は朝鮮語とする。②教科書は朝鮮人教材編纂委員会でつくり連合軍総司令部の検閲を受けたものを使用する。③学校の経営管理は学校管理組合が行う。④日本語を正課として採用する。
（17）（学校閉鎖令）第13条 次の各号の一に該当する場合においては、監督庁は学校の閉鎖を命ずることができる。二、法令の規定により監督庁のなした命令に違反したとき 第84条 都道府県の教育委員会は、前項に規定する関係者が、同項の規定による勧告に従わず引き続き専修学校若しくは各種学校の教育を行っているとき、（中略）当該関係者に対して、当該教育をやめるべき旨を命ずることができる。
（18）1949年「ポツダム政令（1945年勅令542号）」に基づき4月公布された。「秘密的、軍国主義的、極端な国家主義的、暴力主義的な団体の結成及び指導並びに団体及び個人のそのような行為を禁ずること」を目的とする。ポツダム政令はGHQ指令を実施するために、国会の審議なしで制定される法令。
（19）金德龍『朝鮮学校の戦後史 1945-1972』社会評論社、2002年、p.65
（20）金德龍 前掲書p.65
（21）梶井陟『朝鮮学校の日本人教師』亜紀書房、1974年、pp.45-46
（22）崔載淳「都立時代」『朝教組ニュースNo.8』1954年11月24日 東京都立朝鮮人学校教職員組合
（23）「朝鮮人の学校の教職員の適確審査について」（1948年1月26日 発九号、適確審査室長通知）「朝鮮人を教育する学校の教職員についても、1947年政令第62号による教職員の的確審査をしなければならないので、そのような学校の教職員について若し審査未了になって居れば、必要な調査票を徴し、審査を実施されたい。

尚調査票を徴されて、これを提出しない者には、政令第62号第8条の罰則の適用を要するので念の為に申し添える」
(24) 東京都立教育研究所編『前掲書』p.879
(25) 『戦後日本教育史資料集成　第2巻』三一書房、1983年
(26) 「学校教育法」第1章総則（学校の範囲）第1条に定められた小学校、中学校、高等学校、大学、高等専門学校、盲学校、聾学校、養護学校及び幼稚園を指す。
(27) 東海北陸地方行政事務局官への回答（『戦後日本教育史資料集成第2巻』p.570）
(28) 六・三制が1947年実施された後、新制高校は1948年発足した。
(29) 東京都立教育研究所『東京教育史稿（戦後学校教育）』1975年、p.371
(30) 『도꾜조선중고급학교 10년사』1956년 10월 5일　창립 10주년　기념　연학사　편찬위
(31) 『1952년도 학교보고서 동경조선고등학교　동경조선고중학교　1953년　4월 30일현재』朴慶植編『在日朝鮮人関係資料集成　戦後編』第7巻、明石書店、2000年所収
(32) 『東京都教育史通史編　四』東京都教育研究所編　1997年、p.855、p.859
(33) 東京都立教育研究所『東京教育史稿（戦後学校教育）』1975年、p.371
(34) 金徳龍　前掲書p.254
(35) 1949年11月4日に「朝鮮人学校に関する第一次措置の報告について」（文管庶第92号文部省管理局長より岩手、宮城、栃木、愛知、三重、広島、徳島、熊本各県知事あて）が出されており、都から文部省に報告した資料として信憑性は高い。「第一次措置の報告が未着であるから、至急書面で報告されたい」と「一　閉鎖学校名（学校種類別、認可、無認可別及び教員、生徒児童数を表示すること）及び財産接収の有無　二　其の他の通知学校名（学校種類別、認可、無認可別）を明記すること」とある。
(36) 都立第一朝鮮人小学校PTA「学校の実態と沿革史」朴慶植編『在日朝鮮人関係資料集成　戦後編』第7巻、2000年、明石書店
(37) 1952年7月12日付『社会タイムズ』見出し、（梶井前掲書p.100）
(38) 小沢前掲書、1973年　p.369
(39) 「講和条約」後の朝鮮人生徒受け入れについての具体的指示であった。この通達を都立朝鮮人学校以外の各市区町村の教育委員会や学校長宛てに出したのである。（梶井前掲書p.153）
(40) 佐野通夫「在日朝鮮人教育を通して見た日本戦後公教育の一考察」『在日朝鮮人教育史研究』第20号、在日朝鮮人運動史研究会、1990年、p.17
(41) 1952年「朝鮮人子弟の公立小・中学校及び高等学校への就学について」通達、本文一条項
(42) 「平和と教育　創刊号」1952年8月在日本朝鮮人学校PTA全国連合会（2号から「平和と教育社」発行名となる。第2号5000部発行）

(43) 梶井陟『朝鮮語を考える』龍溪書舎、1980年、p.260
(44) 都立朝鮮人学校教職員組合情宣部編集発行「民族の子——朝鮮人学校問題」(1954.11)
(45) この『朝日』記事について、「しかし10月4日、教育委員長松沢一鶴氏の言明によれば、「都立廃校と同時に一切の関係はきれる。したがってその後のことについては一切責任は負わない。」といい、朝日新聞の記事について否定した。一方朝日新聞の記者は教育庁の言明に依拠したものであるといっているが、それはともかく、この報道は、日本国民にたいしては教育委員会の措置に賛同」させ、朝鮮人大衆にたいしては「廃校反対運動」を弱らせる効果をもったものであった。」とのコメントが出ている。
在日朝鮮統一民主戦線中央教育委員会編「平和と民主主義を守るために——都立朝鮮人学校廃校に反対する」1954年、p.14
朴慶植編『在日朝鮮人関係資料集成〈戦後編〉』第7巻不二出版、2000年、p.268所収
松沢一鶴委員長が、私立移管の名で廃校措置を推進していた。
(46) 『読売新聞』1952年、8月20日「朝鮮人学校の日本人教官追放闘争に批判の声」、8月22日「朝鮮人学校"私は気違い病院"と呼ぶ」、「"公立"なぜ取り消さぬ」8月22日、「朝鮮人学校の実態はこうだ　日本人教官匿名座談会」8月24日、「極左の指令で動く朝鮮人学校　無視された法規　手ぬるい当局に批判の声」8月26日等。
(47) 小沢前掲書、金徳龍前掲書、パンフレット東京都立朝鮮人学校PTA連合会編「朝鮮人学校弾圧事件の真相を訴う」1951年3月16日等、多数の資料に記録がある。
(48) 暴行を受けた「日本ニュース社」のカメラマンは1953年都議会を相手に「謝罪と慰藉料請求の訴訟をおこしている「昭和28年第1回臨時都議会録」。
(49) 都立朝鮮人学校教職員組合情宣部編集発行「民族の子——朝鮮人学校問題」1954年11月
(50) 前掲書
(51) 朝聯機関紙　創刊日不明、毎月「1・6ノ日発行」（日文、朝文共）。朝聯中央時報編集局発行。
(52) 朴慶植『在日朝鮮人関係資料集成〈戦後編〉』pp.246-259
(53) 「東京都立朝鮮人学校の問題　東京都教育庁黒川学務部長にきく」　日韓親和會『親和』8号1994年5月号、p.8　同誌の読者層は、かつて植民地に関係した人々か新たに韓国に進出する企業関係者であった。
(54) 「月間闘争は実行中央委員会の指導のもとに、戦争反対、南朝鮮・日本の軍事基地化反対、日本での武器製造・輸送反対を中心として南朝鮮人民の闘争支援、南南鮮の売国選挙粉砕などを目標に、1千万名の平和署名、3千万円の基金カンパ運動をとおして闘われた。この月間闘争で、とくに東京朝鮮人第一小学校少年団の平和署名基金カンパ活動はめざましく、署名4万8千名、基金カンパ20万5千円を獲得し、全同胞の模範とされた」朴慶植　『解放後在日朝鮮人運動史』三一書房、

1989年、p.271
(55)『도쿄 조선중고급학교10주년』(1956.10)『東京朝鮮人中高級学校10年史』
(56) 梶井、前掲書1974年、pp.149-150。文中傍線引用者
(57) 朴慶植『解放後在日朝鮮人運動史』三一書房、1989年、p.328
(58) 朴慶植『解放後在日朝鮮人運動史』三一書房、1989年、p.281
(59) 朴慶植『在日朝鮮人関係資料集成〈戦後編〉』pp.246-259
(60) 長浜功、講演「国家と教育」での発言、小平公民館にて1992年6月

新生南アフリカの教育制度と課題
―― 教育の意味をめぐって

菊池優子*

1. はじめに

　南アフリカは、国土面積120万Km²に約4千万人が暮らす多民族国家である。現在の人種別人口割合は、黒人（以下、アフリカ人）が約77％、カラード[1]が約9％、インド人が約2.5％、白人が約11％[2]。公用語は9つのアフリカ人言語にアフリカーンス語と英語を加えた11言語ある。このように南アフリカ社会が多様化した起源は、約半世紀に渡るアパルトヘイト（人種隔離政策）以前の、オランダに続くイギリスの植民地支配に遡る。

　1994年の民主化から10年が過ぎた。以来、新政府は二つの課題、経済成長と国民間の格差是正（被差別者の人間性回復や賠償）を基軸とした社会政策の改革に余念がない。しかし、GDPなどに表れる安定成長とは裏腹に、慢性的な貧困や高失業率、経済的不均衡の温存などの政府批判要因は後を絶たない。グローバル市場を舞台に、全国民参加による経済成長を遂げるためには、絶対的に不足している熟練・半熟練労働力の育成が、また、過去の人種差別による格差を是正するためには社会制度の均等・平等化が急務である。無論、両者の橋渡し役としての教育には重責が課せられている。しかし、教育部門は例年、国家予算の20％強を費やしながらも、この二つの課題の板ばさみにあい、その改革は難航を極めている。本稿では、以下で植民地時代およびアパルトヘイト時代の歴史を簡単に紹介したうえで、本題である民主化以降の教育制度改革とその課題を検討する。さらに、その結果見えてきた教育の意味を最後に述べる。

---

*　南アフリカ・ケープタウン大学

2. 南アフリカの歴史

2. 1. 植民地時代

　1652年、オランダがケープ植民地を建設して以来、オランダ、また少数ではあったがドイツ、フランスなどからの白人移民（以下、アフリカーナ）とインドネシア、インド、セイロン（スリランカ）、マダガスカルなどからの奴隷が移入した。ケープ半島の先住民であったコイサン人は、次第に植民地支配の下級階級として吸収されていった。しかし、1795年以降、イギリスの侵攻によりケープ植民地の争奪戦が繰り広げられ、最終的にイギリスが同植民地を征服し、1820年以降本国からの入植民が移入を開始した。1835年以降ケープ植民地を追われたアフリカーナは北へ逃げ独立国家を建設する。以後、イギリスの植民地政府との間に緊張関係が続くが、1902年南アフリカ（ボーア）戦争に敗北し、次第にイギリスの支配下へと組み込まれていく。その間、新しい労働力が外国から移入している。1860年からはサトウキビ農場の労働者としてインド人が、また1904年からは鉱山労働者として中国人が移入する。アフリカ人労働者が不足してのことである。一方、アフリカ人は土地を奪われ、各地に点在する居留地（以下、ホームランド）に隔離されたあげく、中央政府、州政府、自治体から税金が課せられ抑圧されていった。男性は低賃金労働者として白人の農場や町に出稼ぎに、残された女性や子どもはそのわずかばかりの仕送りで生計を賄っていた。こうして次第にアフリカ人コミュニティが崩壊していったのである。

2. 2. アパルトヘイト時代

　1930年代以降の南アフリカ経済には活力があった。1933年の国際金本位制崩壊によって金の輸出量が増大、さらに第二次大戦で連合国側に参加したことによって大戦特需が起こり、都市の製造業が急成長を遂げていた。この時期、アフリカーナとイギリス系白人の関係に転機が訪れた。アフリカーナの支持政党（国民党）が1948年の白人総選挙で勝利したのだ。以降、「神によって文明化の使命をもつ選ばれた民」であるアフリカーナのイデオロギーを下地に、各

種のアパルトヘイト法が整備され、前政府から引き継いだ人種隔離体制を徹底強化していく。当時の好景気は国民党政権にとって追い風となった。受益をこうむった白人の国民党支持が高まったためである。しかし、一方で経済成長を支えるために多くの低賃金労働者を必要としていた。それに続き、アフリカ人の都市居住者数は白人のそれをしのぐ勢いで増加していった。アフリカ人は、都市近郊にスクワッター・キャンプ（バラック小屋の立ち並ぶ無断占拠地）を建てて暮らし始める。40年代に入ると都市に流入したアフリカ人の間で居住区や交通機関の拡充を求める大衆運動が、各地の鉱山では賃上げをめぐる労働運動が勃発した。続いて1952年にはアフリカ人民会議と同盟組織が非暴力・不服従抵抗運動を開始する[3]。アパルトヘイト政府は、アフリカ人の市民運動を鎮圧しつつ、かつ経済成長を維持するために労働力を確保するという難題を抱えていたのである。

　60年代以降、抵抗運動の様相は変化していく。白人活動家をも加えた一部の組織は、一向に効果のあがらない非暴力抵抗運動に見切りをつけ、過激な抵抗行動を行うようになった。指導者は次々に投獄され、また、逮捕を逃れた者は国外へと離散していった。しかし「抵抗意識」はアフリカ人ばかりかカラードやインド人の間にも浸透し、学生運動や労働運動のかたちでアパルトヘイト政府を大きく揺るがしていくことになる。その一例として、1976年、抑圧者の言語であるアフリカーンス語教育を拒否してデモを行ったアフリカ人児童・生徒が蜂起、それを政府は武力で鎮圧。一連の事件で約4千人が負傷、少なくとも575人が当局の治安警察に殺害された。ソウェト蜂起である。国内外の政府批判はさらに高まる一方だった。国内批判を緩和するため、1984年、カラードとインド人を中央政府に限定的に参加させる三人種議会制を採択するが、それは依然として白人支配を温存する構造であり、何よりも数で勝るアフリカ人は蚊帳の外に置かれていたことから効果はあがらなかった。また、70年代までの好景気は影を潜め、80年代には不況が訪れていた。1981年からはアンゴラの独立内戦に干渉し、後にキューバ・アンゴラ軍と交戦するが、88年に敗北し、痛手を負った。1986年、政府は非常事態宣言を発令し抵抗運動の弾圧を試みるが、政情不安、国内外からの非難と抵抗、経済状態の悪化には歯止めがかからなくなっていた。アパルトヘイト政府の限界がはっきりと見えてきたのである。1989年、アパルトヘイト政府最後の大統領に就任したデクラー

クは、諸々のアパルトヘイト法を撤廃。翌年には、後に初代アフリカ人大統領となるマンデラをはじめとする政治犯の釈放が開始された。以降、南アフリカの新体制への移行に向けて、政府とアフリカ人指導者らによる交渉が行われた末、1994年の総選挙、民主化が実現するに至ったのである。

2.3. アパルトヘイト時代の教育

本項の最後に、アパルトヘイト時代の教育について触れておきたい。アパルトヘイト政府は、その政治イデオロギーと経済活動を潤滑に進めるためにもアフリカ人を「最低限の読み書きができる、白人に従順な、低賃金労働力」として確保しておく必要があった。イギリス系白人支配下のアフリカ人教育は、州政府管理の下に伝道団体が行っていたが、これでは経済成長に必要なだけの労働力を十分に供給しきれず、また、アフリカーナのイデオロギーにそぐわぬリベラルな考えをアフリカ人に与える危険があった。そこで新政府は1953年の「バンツー教育法」によって、アフリカ人大衆教育を拡大するとともに、シラバスもリベラル教育に代わって劣等意識を教え込むものへと改める。例えば、歴史の授業ではアフリカーナが「野蛮人」を文明化した歴史が、宗教の授業では白人至上主義の思想を教え込むというように。1959年、「大学教育拡張法」により、白人系大学へのアフリカ人入学が禁止されるなど、その後も教育機関における人種隔離は徹底的に行われた。それらを管轄する教育省も人種ごと、時にはホームランドごとに設置され、最多時には20数個に分離されていた。

さて、48年から70年代のフォーマル・セクターにおける教育を見てみよう。新政府は初等・中等教育機関の改編に着手した。約7千校（うち5千校が伝道団体による学校）あったアフリカ人用学校は、カトリック系学校（約7百）を除くすべてが中央政府の管理下に置かれた。学校が増設されるとともに、アフリカ人の児童・生徒数は着実に増えていった。アフリカ人の初等（7年制）・中等（5年制）学校在学者数は、1945年では約59万人（アフリカ人人口の8％）だったのが、55年には約100万人、60年には約150万人[4]、79年には約350万人（20％）[5]と拡大し続けた。60年代の経済成長期には、産業界の要請に応えて職業訓練学校も新設された。これは、後に述べる商工業科学校やテクニカル・カレッジの前身である。53〜54年のアフリカ人教育予算は、45年

の4倍近くにまで増強された。それでもアフリカ人1人あたりの政府の教育支出は白人の約10分の1、教科書は自己負担であった。在籍者を学年別にみると、約半数が1学年に、約9割が4学年以下に在籍しており、中等教育の在籍者はそのわずか1割程度に過ぎなかった。

　学校が増設されれば、当然、教師の増員が必須である。教師1人あたりの児童・生徒数は、1946年では42人だったのが60年には55人と、教室のサイズは膨れ上がっていた[6]。各地にアフリカ人教師の養成カレッジが建てられたが、入学資格は10学年修了程度、時には学歴不問のケースすらあった。就学年数は1～2年で、卒業後は初等教育の低学年教育資格しか与えられなかった。それしか必要なかったからである。大学においても教師養成は行われていたが、それには時間も費用もかかりすぎるため、迅速かつ「適当なレベル」のアフリカ人教師を輩出するには教師養成カレッジで十分と考えたのである。

　一方、高等教育機関は1948年の時点で、アフリカーンス系（4）、英語系（4）、通信制（1）、アフリカ人用カレッジ（1）の10大学があったが、アフリカーンス系4校と英語系の1校はアフリカ人学生を排除していた。アフリカ人を受け入れていた英語系3校でも、それぞれ6％、12％、（隔離授業での）21％程度止まりであった[7]。その後、1959年に非白人用大学3校が新設されるが、それでも全国の大学進学者数にアフリカ人学生が占める割合は20％程度に留まる。

　次にこの時期のインフォーマル・セクターの教育に言及したい。上で述べたように、フォーマル・セクターの教育機関は大多数のアフリカ人を吸収するようにはデザインされていなかった。そこで、反アパルトヘイトを自称するリベラルなイギリス系白人や外国からの資金はNGOなどのインフォーマルな教育機関に流れた。特に70年代には、成人の識字教育や職業訓練を行う夜間学校が爆発的に増加する。さらに労働組合からの圧力も加わり、教育機会が与えられなかった人口がどっと押し寄せたのである[8]。ただし、あくまでもリベラルな思想の下における教育なので、レベルは初等教育低学年程度の読み書きがほとんどで、職業訓練も基礎的な技術指導に留まっていた。また、アフリカ人教育の大衆化以前から、白人農場にはファーム・スクールが存在していたが、その目的は農場労働者予備軍を対象としてのことだったので内容はそれなりの

ものだった。

　80年代に入ると、もはやアフリカ人を「最低限の読み書きができる、白人に従順な、低賃金労働力」という枠に留めておくことができなくなる。その前兆は70年代半ばから現れていた。まず、アパルトヘイト・イデオロギーが大きく揺らぎ始めていたことである。スティーブ・ビコが提唱したイデオロギー、「ブラック・コンシャスネス（黒人意識）」——白人によって吹き込まれた劣等意識に決別し、自らの文化、歴史、価値体系を尊重し団結しようという動き——がアフリカ人の中に広がっていた。先で述べた1976年のソウェト蜂起がその一例である。また、不況によって経済が停滞していた。71年には11.8％だったアフリカ人失業率が、81年には21.1％、翌年には24％と上昇している [9]。白人とアフリカ人の賃金格差は依然として5倍から10倍。各地で労働運動が頻発、先鋭化していた。さらに産業界は熟練・半熟練労働力不足に困窮していたため、最低限の読み書き教育では対応しきれなかったのである。

　80年代半ばには、人種別、地域別に複雑になりすぎていた教育省庁が再編成された。増え続ける政府の教育支出は不況下の財政を圧迫していたのである。三人種議会制の採択により、カラード、インド人のそれぞれに自治的教育省が成立したが、実際は依然として中央政府の管理下におかれていたアフリカ人機関とほとんど変わらない扱いだった。一方、白人の教育機関にはかなりの自治権を与え、公費支出削減の効果を狙った。しかし、これによって、経営手腕にたけた白人校はカリキュラムの現代化や設備投資を積極的に行い、市場原理に則って教育を「商品化」していく。次第に白人教育機関の公的性格が薄れ、非白人教育機関との格差が一層広がることになる。

　このように、南アフリカの教育は、歪んだ社会構造——非人道的な政治イデオロギーを遂行するとともに、ごく一部の国民の利益のみを対象として経済活動を支える——を作り上げるための強力な手段として利用されてきた。白人と非白人、ことにアフリカ人との教育格差は質的にも量的にも致命的な広がりをみせてきた。その負の遺産を継承しつつ、民主化後の教育政策はどのようなイデオロギーによって動かされ、また、どのような課題と直面しているのか、以下で検討したい。

3. 民主化後の教育政策

　冒頭に述べたように、南アフリカは多民族国家である。その上、過去の悪政による国民間の社会的、経済的格差が著しい。民主化以降の改革は、全国民参加による経済成長と国民間の格差是正を柱に、隔離から「統合」を目指してきた。経済成長は、国内のみならず、グローバル市場を相手に競争力のある労働力を育成することによって、また、格差是正は過去の不当な差別に対して補償的な是正を行い、国民一人一人の人権を尊重することによって実現しようというものである。しかし、民主化後10年が経過した今でも、貧困、高失業率、国民間格差などの問題は顕著な改善をみせていない。約910万世帯のうち約550万世帯が月収1400ランド未満（約2万円）、その63％がアフリカ人家庭である。失業率は約37％（約7百万人）と言われ、その約85％をアフリカ人が占める。人種別では、アフリカ人が43％、カラードが30％、インド人が22％、白人が10％と、その格差は縮まっていない。また、年齢別には、15～24歳が約34％、25～34歳が約39％、35～44歳が約18％[10]となっており、南アフリカの将来を担う年齢層の高失業率には驚愕する。

　教育はこれらの社会問題を解決する、まるで万能薬のように祭り上げられている。「職に就くためには、教育を、スキルを」といった具合にである。しかし、一体、どうすれば教育は期待に応えられるのであろうか。就学率を上げればよいのか、高等教育への進学を促せばよいのか、それとも産業界のニーズに応じたカリキュラムを導入すればよいのか。答えは、「すべて」であろう。教育省が作成した政策文書や新法案の数は他省庁のそれに群を抜いている。「バスと教育法は追いかけるものではない。すぐに次が来るから」、と嘲笑されるほどだ。それでは、過去10年間、教育省は何を行ったのか、また、なぜ次々と新法案やそれらの改定案が発表されるのか、なぜその実施が遅々として進まないのか。以下の項では「統合」をキーワードに、教育機関（制度）の統合、教育と労働（職業訓練）の統合、カリキュラムの統合を説明したうえで、最後にこれらの統合が直面している課題を検討する。

3.1. 教育機関（制度）の統合

　民主化後の2年間は、政府内の組織改革に相当のエネルギーが費やされた。アファーマティブ・アクションにより、人種、性別などの人口比例を反映した人事登用が採択、義務化された。教育省も一本化され、その下にさらに9つの州の教育庁が置かれた。次の小項では、教育省が整備した新しい国家資格の枠組みと、それらを構成する教育機関を説明する。

3.1.1. 国家資格（National Qualification Framework）

　中央の教育省がはじめに着手したのは、資格制度の作成である。National Qualification Framework（以下、ＮＱＦ）と呼ばれる国家資格の枠組みが、教育界、経済界の関係者（教育省、労働省、企業、組合、教員、学識者、市民など）と諸外国からのコンサルタント（カナダ、オーストラリアなど）の協力の下にできあがった。その原則には統合をはじめとする15のキーワード、例えば（教育への）アクセス、（資格の）ポータビリティ、（進学・級を意味する）プログレッションなどを掲げ、横と縦の教育拡大を図る生涯教育を提唱している[11]。キャッチ・フレーズは、「From Street-Sweeper To Engineer!（清掃員から技師になろう）」である。あらゆる時期、あらゆる目的、あらゆる場所に設置された教育機関をすべてＮＱＦのどこかに織り込もうというのである。また、教育機関だけではなく、国民がもつあらゆるレベルの、あらゆる種類の教育および能力をＮＱＦのどこかに該当させて認定しようというのである。こうすることによって、教育機会の均等・平等化を促す目論見である。差別の対象となり得るあらゆる要因、人種、地域、性別、学歴を越えた統合を目指したのである。

　表1に、ＮＱＦの概要を示したが、ここで気づくのはまず初等教育の7年と中等教育の2年を合わせた9年間が「レベル1」となっていることである。つまり、義務教育がＮＱＦの最低限の単位となるわけである。次に、教育機関の種類の多さである。南アフリカの教育機関には、原則として、教育のレベルにとらわれない多目的利用が許されている。例えば、小学校といっても、夜には成人を対象とした識字教育を行うことができる。もちろん、予算の出所は別であるが。セクター間の壁を取っ払い、学習者の受け入れを促すためである。以下

に、各機関の概説を加えるが、ここでは簡単な説明にとどめておきたい。

表1：NQFの概要

レベル	フェーズ名	学年	資格(名)の種類	教育機関の種類
8	Higher Education and Training		Doctorate	大学、テクニコン、カレッジ、企業、他
7			Higher degree	
6			First degree	
5			Diploma	
4	Further Education and Training	12	Further education and training	中学校、FETカレッジ、カレッジ、企業、他
3		11		
2		10		
1	General Education and Training	9	General education and training	小学校、中学校、ABETセンター、企業、他
		8		
		7		
		6		
		5		
		4		
		3		
		2		
		1		

(Department of Education, *Lifelong Learning through a National Qualifications Framework*, 1996)

　まず、高等教育機関の要である「大学」と「テクニコン」はすべて国立校であり、中央の教育省が管轄している。テクニコンとは、高等教育レベルの技術専門学校のことで、大学同様に、修士課程、また限定的にではあるが博士課程も有している。「カレッジ」とは、以前触れた教師養成カレッジや、同様の経緯で各地に設置された看護婦養成カレッジなどが変容したものから、軍事・警察学校、さらに多種多様な教育を提供している私立のカレッジなどが含まれる。かつての教師養成カレッジは中等教育課程に位置していた時期もあったが、現在では高等教育機関となっている。

　中等教育機関の「FETカレッジ」とは、旧テクニカル・カレッジ（日本の高等専門学校に相当）を指すが、2000年に全国に150あったカレッジが50に再編成されて以来こう呼ばれるようになった。FETとは、フェーズ名にある

ようにFurther Education and Trainingの略である。ＦＥＴカレッジ卒業後、進学する場合はテクニコンに進む場合が多い。「カレッジ」は、マトリキュレーション[12]浪人生用の予備校、調理師学校、保母・保父養成学校など多種多様である。

　初等教育機関の「ＡＢＥＴセンター」は、アパルトヘイト時代のインフォーマル教育セクターとして始まった夜間学校などが前身である。現在ではAdult Basic Education and Training（以下、ＡＢＥＴ）という一フォーマル・セクターを形成している。ＡＢＥＴは義務教育9年分のシラバスを4レベルに分割している。先に、南アフリカの教育機関は多目的教育が許されていると述べたが、ＡＢＥＴ教育はそのよい例で、センターに留まらず、企業、ＦＥＴカレッジ、小・中学校など、ありとあらゆる場面で行われている。

　また、各フェーズに「企業」がある理由の一つは、歴史的に労働組合が強かったためである。現在でも、組合が強い産業では週に1、2日、あるいは2〜6時間程度、就業時間中に識字教育などを行っている。また、徒弟制度の伝統を引き継いだ職場での技術指導、さらに研究機関における研究指導などもＮＱＦでは認定するとしているためである。

　最後に、現在、「学校」と呼ばれるものには、小学校（7年制）、中学校（5年制）、高校（4〜5年制）、商工業科学校（4〜5年制）、合同学校（幼児教育、初等教育、中等教育を様々な割合で実施しているもの）、中間学校（主に、初等教育の高学年1〜3年と中等教育の低学年1、2年を合わせたもの）、そして特殊学校がある。学校全体の96.4％は公立校、3.6％が私立校である。合同学校と中間学校は、農村地域や過疎地域などに多く見られる。これらすべてを教育省の学校担当部門が管理している。商工業科学校とＦＥＴカレッジの違いは、歴史的に、前者は教育省が、後者は労働省の影響が強かったことが考えられる。また、前者には個人の生徒が通い、後者には企業と徒弟契約を結んだ未熟練の生徒が通うなどの違いがあった。現在、商工業科学校は学校担当部門が、ＦＥＴカレッジは学校以外の教育機関を担当する部門が管理している。

3. 1. 2. 教育機関の概要

では、主要な教育機関のなかでは何が起こっているのか、以下で考察してみよう。表2は、機関別の規模をまとめたものである。

表2：教育機関別の機関数、在籍者数、教員数

教育機関	機関数	在籍者数	教員数	生徒数／教師比
小学校	17,184	6,286,723	179,829	35.0
中学・高校	5,670	3,475,418	111,523	31.2
合同・中間学校	4,604	1,975,985	62,849	31.4
学校合計	27,458	11,738,126	354,201	
ABETセンター	2,494	386,335	16,281	23.7
FETカレッジ	50	356,049	7,233	49.2
初等・中等課程合計	30,002	12,480,510	377,715	
大学	21	448,868	11,083	40.5
テクニコン	8	216,499	3,657	59.2
高等教育課程合計	29	665,367	14,740	

(Department of Education, *Education Statistics in South Africa at a Glance in 2001*, 2003)

　学校に通う子どもの数はアパルトヘイト時代と比較してはるかに上昇していることは明らかである。同年の人種別在籍者数を入手することができなかったので明言は避けたいが、同年における5〜19歳人口のうちアフリカ人以外の全人口が学校に在籍していると仮定した場合でも、アフリカ人の子どもの75％が学校に在籍している計算になる。どうやらNQFが提唱する「横」の教育拡大は改善されつつあるようだ。しかし、「縦」の教育拡大は、相変わらず伸び悩んでいる。初等・中等課程と高等教育課程との在籍者数には約20倍の開きがある。

　また、生徒数／教師比については、この数値にはクラスのサイズが小さく設定されている私立学校や都市部の旧白人学校が含まれている点に注意する必要がある。旧ホームランドや都市近郊に建てられたスクワッター・キャンプ（以下、タウンシップ）では、教師1に対して児童・生徒が70〜80人、時には180人などというケースもあることを念頭に置いておく必要がある。

　次に、横の拡大をみせる初等・中等教育課程の中を考察してみよう。表3は、

初等・中等教育機関の学年別在籍者数とその年齢を示したものである。(ただし、特殊学校在籍者約2万人、合同学校の幼児教育課程在籍者約27万人は除く。)

表3：学年別在籍者数

教育課程	学年	在学者数	適齢在学者数	不適齢在学者数
	1	1,150,637	868,808	281,829
	2	944,961	860,757	84,204
	3	1,087,675	874,109	213,566
初等教育	4	1,175,860	901,580	274,280
	5	1,098,863	932,603	166,260
	6	1,023,269	955,210	68,059
	7	932,151	961,412	-29,261
	小計	7,413,416	6,354,479	1,058,937
	8	1,068,479	954,931	113,548
	9	916,280	949,312	33,032
中等課程	10	846,655	947,405	-100,750
	11	709,508	938,401	-228,893
	12	488,352	920,576	-432,224
	小計	4,029,274	4,710,625	-681,351
合計		11,442,690	11,065,104	377,586

(Department of Education, *Education Statistics in South Africa at a Glance in 2001*, 2003)

初等教育ではほぼ横ばいの在籍者数が、中等教育になると減少の一途をたどる。特に、進路の選択を迫られる9学年を境に在籍者数は急減する。勉強について行けない、学費が払えない、働きたいなどの理由から中退者が増えるせいである。普通科学校の場合、商工業科学校FETカレッジなどへ進路を変更する者が出るのがこの時期である。ただし、表3は商工業科学校も含んでいるので、その移動を明らかにすることはできない。その後も在籍者数は減り続け、マトリキュレーション受験を控えた12学年では、ほぼ半数にまで落ち込んでいる。新制度では留年は1回に限られ、12年生に進学しても合格の見込みがないと判断された生徒は11年生を繰り返す。12年生でも留年が1回許されるので、11学年に進級してから受験まで最長4年の準備・猶予期間が得られることになる。

さて、2001年の受験者数は、12学年在学者数を下回る44万9371人であった。合格率は61.7％、高等教育機関への入学資格を得た者は、その4分の1である(13)。12学年在籍者数と受験者数が合致しないのは、学校側が、合格の見込まれない生徒の受験を承認しないこと、カレッジなどで勉強していた浪人生が含まれていることなどに起因する。マトリキュレーションの結果は、教育省や学校をはじめとする教育機関のいわば通信簿である。マトリキュレーションに合格していることを採用時の最低限条件とする企業も多いことなどから、例年、結果発表の時期になるとメディア報道が過熱する。教育省は、97年には47％だった合格率が上昇していると発表しているが、その一方で、高等教育機関からは、例年入学者の学力低下が目につくとの批判があるのも事実である。

在学者の適正年齢については、1学年と2学年の差、そして初等課程では超過していた就学者数が中等課程では下回っていることが目立つ。1学年の不適正年齢者が多いのは、旧ホームランド、農村、タウンシップなどでの託児施設不整備が原因である。また、昨今のタウンシップでは犯罪率が高まっていることもあり、子どもを安全な場所に預けたいという保護者の希望は多く、学校側も、就学前年齢の児童を受け入れざるを得ない場合が多い。一方、中等課程で在学者数が適齢在学者数を下回るのは、先に述べた理由による中退者が増加するためである。

さて、視点を学校からその他の教育機関に移す。まず、通学制の大学とテクニコンの在学者を人種別にみると、旧アフリカ人校の学生は依然としてアフリカ人が圧倒的多数（85％）を占めている。一方、旧白人校はアフリカ人が30％、カラードが5％、インド人が10％、白人が55％である。いまだに白人が半数以上を占めていることがわかる。テクニコンはすべてが旧白人校であり、現在の人種別在学者数は、アフリカ人が65％、カラードおよびインド人が10％、白人が25％である。一方、唯一の通信制大学では50％がアフリカ人、35％が白人学生である。さらに、通信制テクニコン（これも一校のみ）では、72％がアフリカ人、18％が白人学生である(14)。旧アフリカ人校でアフリカ人学生が多いのは、大学が白人居住区からは遠い旧ホームランドなどのアフリカ人居住地区近隣にあるという地理的条件と、また、学費が安いという経済的条件などが合わさってのことである。

次にＦＥＴカレッジ（旧テクニカル・カレッジ）であるが、中等教育機関の中では最小規模である。しかし、このセクターは、中等教育機関の中では抜群の就職率を誇っている。中等教育のいずれかを有する人口の63％が失業にあえぐ一方、ＦＥＴカレッジ人口の失業率はわずか1％である[15]。しかし、教育というものを伝統的な学科教育を本流としてとらえる傾向から、技術訓練を中心とするイメージをもたれているＦＥＴカレッジにはスティグマが付されている。先に述べたように、普通科学校からの落第者の受け入れ先として、さらに、かつては非行少年・少女の更生施設としても扱われてきたのである[16]。ＦＥＴカレッジにおける教育は、主に工業と商業である。前者は、車両、土木・建築、電気、電機、後者は秘書、経理などである。しかし、近年では、教育と産業界のニーズの呼応が強調されており、美術（絵画、陶芸、ダンス）、調理、観光などの分野に手を伸ばしている。産業界のニーズに関しては、後述する。

　最後にＡＢＥＴセンターであるが、このセクターの潜在学習者層の厚さには圧倒される。学校教育では在学年数に制限が設けられているし、大学やテクニコンは原則としてマトリキュレーションに合格しなければ入学できない。また、ＦＥＴカレッジに入学するには最低でも10学年、専攻によってはマトリキュレーションが要求される場合すらある。（ＦＥＴカレッジも中等教育に位置するため、これは矛盾しているが、各セクターのカリキュラムがまだつながっていないためである。）しかし、ＡＢＥＴセンターの入学資格は、16歳以上というだけである。事実上、先に述べた「あらゆる教育レベルの国民をNQFのいずれかのレベルに該当させよう」というＮＱＦの原則に呼応できるのは、このＡＢＥＴセクター以外にないのである。表2のＡＢＥＴ人口が40万人とあるのは、これには教育省に登録し、公的資金援助を受けている施設しか含まれていないからである。（様々な理由により登録を見合わせている企業内、教会、ＮＧＯにおける組織は含まれていない。）事実、学校の適正年齢以上、または学校の学費が払えないなどという10～30代人口がセンターに通ってきているのである。ＡＢＥＴセンターは、ＮＱＦが掲げる門戸開放の原則を、論理上実施し得る唯一のセクターなのである。

　以上、教育機関の統合について述べてきたが、ここまでは教育省が中心の改

革である。次の項では、教育省と労働省が協力して行った教育と労働（職業訓練）の統合について説明する。

3. 2. 教育と労働（職業訓練）の統合

　民主化後、労働省はグローバル市場に対応できる職業訓練のあり方を探ってきた。時代遅れになった産業界の職業訓練評議会を再編成し、現代化を図るよう努力している。しかし、そのネックになっているのは訓練のための費用をどのように捻出するかである。その結果誕生したのが、職業訓練税である（1998年、「Skills Development Act（職業訓練法）」）。一定条件を満たした企業から収益の一部（当初の案では5％だったが、現在は1％前後）を徴収し、従業員の訓練、再訓練のために役立てようというのである。2年前から徴収が始まったが、初年度の時点ですでに約1億円相当が集まった。徴収した訓練税は一旦労働省の担当機関にプールされた後、各産業に分配、さらに各企業と契約を結んだ教育機関に支給されるというしくみである。これは、各産業に平等に分配されることが原則だが、労働省の定める優先順位によって差異が生じる。その優先順位は、Skills Development Strategyというトレーニング戦略によって決められる。これによって経済成長が見込まれるとされる産業には重点的に訓練税が流れ込むしくみである。現在の重点産業はＩＴ産業と観光産業である。企業にしてみれば訓練費用負担が減るし、教育機関にしてみれば教育省から受け取る補助金の不足分を補うことができる。また、トレーニング戦略が後ろ盾となる花形産業のための人材育成を行えば、入学者数も安定する。企業ニーズにカスタマイズした教育・訓練を行うよう努力するようになる。

　しかし、この政策は全国民参加による経済成長の遂行にはつながらない。その理由として、この対象となるのは従業員であって、失業者や在学者は含まれていないこと、企業が訓練のために送り込むのは比較的若年の従業員に偏ること、訓練後の退職を恐れるため同企業内固有の特殊な訓練指導しか行わないことなどがあげられる。また、教育機関側でも、目まぐるしく変わる技術の進歩に対応できる教師の確保が難しいこと、一つ一つの企業が要求する訓練に対応しきれないことなどが懸念されている。もっとも、企業が従業員を送る先は、教育機関の中で最小規模の、ＦＥＴカレッジや、テクニコン、大学なのだから

当然であろう。

　「本流」の学校教育を中退または修了した者が、労働人口（15－65歳）の約58％を、さらに失業人口の63％を占めている(17)現実を見れば、職業訓練を従業員だけに、また、最小規模のセクターだけに任せておくのは不合理である。マトリキュレーション合格率が上昇していることを述べたが、合格率が上がるほど卒業者の失業者が増えるのだから、学校においても、伝統的な教科教育に加えて、産業界のニーズに合った職業訓練を行う必要があるのだ。さて、ここまでの改革は、いわば器の整備に過ぎない。次に、その器に盛る料理、カリキュラムの統合について説明する。

3．3．カリキュラムの統合

　カリキュラムの刷新にあたって、二つの中心課題があった。一つは先に触れた、教育と職業訓練の統合、もう一つはOutcome Based Education（以下、ＯＢＥ）と呼ばれる成果基点教育の導入である。まず、前者のほうは、職業訓練と教科教育を並行して行おうとするものである。現在、初等教育の低学年を除くすべてのカリキュラムは、Fundamental（基礎科目）、Core（応用科目）、Elective（選択科目）の3カテゴリーを網羅するよう政策上義務づけている。基礎科目は言語、数学、また応用科目は化学、物理、歴史、地理、経済などの伝統的な教科科目から成り、選択科目は技術、ライフ・スキル、美術など労働市場で即役に立つ職業訓練科目から成る。日本の教育を受けてきた者にとって、これらの教科科目名は決して新しく見えないが、アパルトヘイト時代の教育と比較すると格段の進歩なのである。こうすることによって、進学にも就職にも通用する人材を育成しようという思惑である。さらに、この統合にはもう一つの理由がある。それは、「国家資格」の項で述べたように、「差別の対象となる、ありとあらゆる要因、人種、地域、性別、学歴を越えた統合」を目指したからである。商工業科学校やＦＥＴカレッジにスティグマが付されているにもかかわらず、特に、ＦＥＴカレッジ出身の失業者が少ないことは先に述べた。つまり、教育と職業訓練を統合することによって、経済成長のみならず、国民間の格差是正（被差別者の人間性回復や賠償）をも実現させようというのである。

次に、ＯＢＥについてだが、これは非常に難航している教育政策の一つである。すでに普通科学校では、2002年から当初の計画より5年遅れで段階的に実施が開始されたが、いまだに批判が絶えない。その理由として、多民族、多言語、著しい国民間の格差が存在する南アフリカの文脈とは異なる、外国（オーストラリア、ニュージーランドなど）からの輸入型カリキュラムであること、また、斬新かつ不鮮明な新カリキュラムを実施するために必要な人的・財政的リソースが不足していることなどがよくあげられる。

　ＯＢＥは、学習成果を基点としたカリキュラムである。その内容を見ると、実につかみ所がない。その要点をまとめると、第一に、教室における主人公は教師ではなく、学習者[18]である。学習者が自らの学習ゴール（成果）を決め、教師がそれを達成するためのカリキュラムを作成する。第二に、その成果をCritical Outcomes（重要成果）とSpecific Outcomes（具体的成果）とに分ける。前者は、全科目に共通の抽象的な成果で、例えば問題の発見力、グループ作業を行う力、起業力など、後者は、旧来の学習要綱を前者に関係づけたものである。学習者の評価は、具体的成果に基づいて行われる。また、ＯＢＥでは、学習者の定めた成果を基点としてカリキュラムが組まれるため、基本的に教科書は存在しないといったものである[19]。

　さて、なぜ、成果を基点とするカリキュラムが採択されたのか、その背景を考えてみたい。まず、上で述べたように、学習場面における主体を、体制側の存在である教師から個人の学習者に移すことがある。かつて植民地時代やアパルトヘイト時代に歪んだ教育を行ってきたのは体制側、支配者だったことへの反省の姿勢がうかがわれる。それから論理と実践を統合させるためである。具体的な例をあげれば、学校教育を受けたことのない露天商がつり銭を間違えず計算できるのは実践、学校の算数教育は理論ということである。フォーマルな教育現場で固定的、支配的だった学習成果の評価を、成果を基点として柔軟かつ多様化しようという考えである。これに類似して、大学などごく一部の教育機関で試行されているRecognition of Prior Learning（以下、ＲＰＬ）というものがある。これは、社会人の入学審査基準を、学歴ではなく実務経験とする動きである[20]。こうすることによって、ＮＱＦの理念である、「国民がもつあらゆるレベルの、あらゆる種類の教育、または能力をＮＱＦのどこかに該当させて認定する」ことが可能になるわけである。しかし、ＲＰＬの問題点は、理論

を構築して「書くこと」が要求される大学教育において、どこまで耐えうるかである。さらに、ＯＢＥは、すべての教育課程における実施が予定されているが、専門性の高いＦＥＴカレッジ、大学、テクニコンなどで、どの程度成果基点主義を貫けるか疑問である。

　以上のように、カリキュラムには、教育と職業訓練、理論と実践の統合を盛り込んだＯＢＥが導入された。これで、民主化後の教育制度改革による器と料理が揃ったわけだが、この器が小さかったのか、料理がうまく調理されていないのか、改革は難航している。次の項では、その理由を考察する。

４．教育政策計画・実施における課題

　ここでは、教育改革が直面している課題および問題点を、歴史的背景（植民地時代およびアパルトヘイト時代の負の遺産）と民主化後の社会の変動の二つの側面から考察する。

４．１．歴史的背景

　まず、言葉の問題であるが、教育における媒体言語の重要性は大きい。近年、政府は、学校の初等教育低学年における、第一言語を媒体とする授業の導入を検討している。全体的に習熟度が低いとされるアフリカ人児童の基礎学力固めが目的だが、意外にもアフリカ人家庭からは反対の声が多い。就職や進学に有利なアフリカーンス語や英語による教育を希望しているのである。事実、企業内の共通コミュニケーション言語や、大学やテクニコンの教授媒体言語は英語、アフリカーンス語が主流である。また、アフリカ人家庭では子どもとの会話に英語を用いる場合が多いことから、彼らの第一言語は英語なのである。しかし、白人家庭に比べて語彙に乏しい英語であり、子どもの勉強を見る際、保護者が英語で指導できなければ第一言語も何もない。

　次に、多民族国家故の課題として宗教があげられる。最近、教育省が学校の宗教教育に関する政策を発表した。これまで、教育現場の宗教教育と言えば、

キリスト教系が主流だった。しかし、南アフリカには、かつて外国からの奴隷や労働者、移民とともに移入したイスラム教、ヒンズー教、ユダヤ教などに加え、アフリカ人の伝統宗教も存在している。これまでの宗教教育は「普通の」公立学校に通う限り、キリスト教以外はほとんど無視されてきた。そこで、この政策では、個人の宗教教育は家庭内で行うこと、学校における宗教教育は特定宗教に限らない宗教全般の理解を深めることとしたのだ。これもまた、差別撤廃、一種の統合なのだ。学校側の猛反対を押し切り、政策文書が発表されたのは民主化から約9年が経過した2003年9月のことである。多民族国家において、法が個人のアイデンティティである宗教領域に介入を試みた一例である。

そして、貧困とその人種、地域格差である。前に触れたが、貧困世帯の多数は、アフリカ人が占めている。もちろん、白人、カラード、インド人にも貧困層は存在するので人種間格差のみを強調するのは間違いであるが。旧ホームランド、タウンシップなどの学校では、年間100ランド（約1500円）、あるいはそれ以下の授業料を払えない貧困世帯が多い。授業料の他にも教科書や制服などにかかる費用が大きな負担になっている。一方、都市部の旧白人学校では公立校でも年間授業料が6千ランド（約9万円）、私立校に至っては5万ランド（約75万円）などという例もある。授業料の違いは、学校施設、教師の質の格差となって現れる。建前上撤廃されたはずの人種の壁は、市場の壁に変容し、いまだに貧困層を排除しているのである。また、地域格差という点では、旧ホームランドや農村は都市近郊のタウンシップ以上に取り残されている。農場労働者はいまでも賃金収入の代わりに食料やワインによって報酬を受けていたり、また、その子どもたちはファーム・スクールで複数学年が合同で授業を受けていたりしている。この子どもたちにとって、新しい教育政策はまだ遠い存在なのである。教育相が自らテレビ・コマーシャルに出演し、アメリカの教育番組であるセサミ・ストリートを子どもに見せるよう宣伝しているほどである。

4．2．社会の変動

ここでは、教育改革が直面している社会の変動による課題・問題点に論を進める。まず、アパルトヘイト・イデオロギーから市場原理への移行に伴う教育への影響について述べる。すでに触れたように、80年代半ば、白人の教育機

関にはかなりの自治権が与えられた。当局の思惑は公費支出削減だったが、教育現場では市場原理に則った教育の「商品化」が起きた。これと似たようなことが1996年の「学校法」の施行以降起きている。同法では、文面上、教育省の教育政策の履行を学校運営の中核にすることを条件に、学校理事会に制限つき自治権を与えた。その理由は、前回同様、財政困難の最中、力のある学校には自ら資金繰りをしてもらいたいということ、ОBEで教室の主体が教師から学習者に移譲されたように、学校管理も中央政府から州政府へ、さらには各学校に任せたいということが考えられる。学校理事会には新たに児童・生徒の代表が加えられ、民主的な論議が行われるようにした。しかし、学校の自治権には授業料の設定も含まれていたため、先に述べたように、旧白人学校では公立にもかかわらず年間6千ランドを徴収するなどということが起きたのである。また、民主化後実施しているアファーマティブ・アクションによって利得を手にした一部のアフリカ人から成るニュー・リッチが登場した。その子どもが通うのが、このような高額授業料を徴収する旧白人学校なのである。学校内の人口比例を見る限り、アフリカ人しかいないタウンシップの学校とは異なり、旧白人学校でも相当数のアフリカ人が在籍していることから、教育政策は「正しく」履行されていることになる。しかし、これはかつて差別の対象であった「人種」が、収入による「社会階層」に代わっただけであり、差別構造に決別したことは意味しないのである。

次に、Jobless Growth（仕事のない経済成長）について述べる。現在の南アフリカ経済には、失業者や新卒者の吸収力が乏しく、「就業経験がなくては、マトリキュレーションに合格しただけでは仕事が見つからない」と嘆く若者たちが多い。一方、専門技術を有する者にとっては、外国流出を促す要因になっている。専門技術者の不足分を補うために、現在ではキューバやアフリカ諸国からの人材（特に、医師、教師、看護婦）を過疎地域へ派遣するなどして急場をしのいでいる。決して活力があるとは言えない現在の経済状態下、教育は外国市場を潤す人材育成や、失業者を増やすという逆効果を生んでいる。

さて、経済が伸び悩めば、当然財政は困窮する。教育財政も例外ではない。教育機会の拡大は進んでいるものの、100％の普及に至るには貧困および過疎地対策、教師、学校施設の拡充など費用のかかる課題を克服しなければならな

い。労働省との連携により誕生した訓練税は、有職者のみが対象であるし、マトリキュレーションに合格した失業者が増えれば、公的支出の見返りが見込まれない。民主化後、中央政府を再編成したのと同様に、教育機関の統廃合計画も進められているが、変化を嫌う現場からの反発はその実施を遅らせている。最小セクターであるFETカレッジの統合ですら、当初の計画から2年遅れの2002年にようやく開始されたが、カレッジの名前が変わったぐらいで、2003年10月の時点でまだ新しい人事すら発表されていない。大学の統廃合計画も検討されているが、大学側からの抵抗に難航している。

　最後に、深刻な社会問題でもある犯罪と教育の関係について述べたい。就学前年齢の児童が、安全な場所として学校に預けられるということを前に述べた。しかし、実際、学校には多くの危険が潜んでいる。社会に氾濫する銃は、教師、児童・生徒の間にも広がっている。つい先日、護身用に銃を学校に持ち込んだ教師が解雇されたが、児童・生徒が銃やナイフを持ち込む以上、教師ばかりを責めるわけにも行かない。しかし、一方、教師による生徒の強姦事件などの報道も後を立たず、盗難事件は日常的に起きている。学校の荒廃は深刻な問題である。

5．おわりに〜教育の意味

　これまで、民主化後、南アフリカの教育制度改革とその課題を論じてきたが、本稿のおわりに、その結果浮き彫りとなってきた「南アフリカにおける教育の意味」を考えてみたい。教育の定義を問えば、狭義には伝統的な教科教育、広義には職業訓練や宗教教育をも含めたものまで様々だろう。南アフリカの場合、教育は極めて拡大解釈されている。その主因は、過去の人種差別である。繰り返し述べてきたように、南アフリカの政策は、経済成長と国民間の格差是正（被差別者の人間性回復や賠償）を軸としている。そのための、教育改革のキーワードは統合であった。国民を分離、断絶させてきた無数にある要因のすべてを教育場面で統合させようというのである。しかし、南アフリカ社会には圧倒されるほどの多面性が秘められている上に、新たな差別要因として市場原理が台頭しているため、一つの政策を発表したところですぐに改定案や新案を作

成する必要に迫られる。バスと教育法を追いかけることをやめてしまうのも無理がないのかもしれない。

　また、理想的には目的であって欲しい教育が、南アフリカの場合、高度に手段化されていることである。人材育成、人間性回復、そしてその成果を測るための尺度として用いられている。即戦力となる人材育成のためには時間がかけられない、人間性回復のためには時間がかかる、信頼できる尺度となるには輸入型の斬新なカリキュラムでは不安が残るといった矛盾に満ちている。端整に見えるＮＱＦも、現段階では各セクターのカリキュラムがつながっていないため、その原則が掲げる進学や転学に際する学習者の選択肢は限られている。

　南アフリカの政治イデオロギーは、植民地時代およびアパルトヘイト時代の「一部国民のための経済成長と国民間の格差維持」から、民主化後の「全国民のための経済成長と国民間の格差是正」と変容したが、いずれの場合も教育はそのための手段として利用されていることに変わりはない。しかも、現在、教育の意味はかなり拡大解釈されている。教育改革が難航しているのは、そこにも一因があるのかもしれないという疑問を投げかけて本稿の結びとしたい。

【注】
（１）先住民、白人移民、奴隷、外国からの労働者の血統を様々な割合でひきつぐグループ。
（２）South African Institute of Race Relations, *South Africa Survey 2001/2002*, 2001, Johannesburg/South Africa, pg11
（３）峯陽一、『南アフリカ「虹の国」への歩み』、1996、岩波新書、東京／日本、pp128-33
（４）Pam Christie and Colin Collins, Bantu Education: Apartheid Ideology and Labour Reproduction in *Apartheid and Education: The Education of Black South Africans*, (Peter Kallaway, ed), 1988, Ravan Press, Johannesburg/South Africa, pp160-163
（５）レナード・トンプソン、『南アフリカの歴史』（宮本正興他訳）、1995、明石書店、東京/日本、pg344
（６）Pan Christie and Colin Collins, pp160-180
（７）レナード・トンプソン、pg344
（８）Adrienne Bird, The Adult Night School Movements for Blacks on the Witwatersrand 1920-1980 in *Apartheid and Education: The Education of Black South Africans*, (Peter Kallaway, ed), 1988, Ravan Press, Johannesburg/South Africa, pp210-18

(9) Linda Chisholm, <u>Redefining Skills: Black Education in South Africa in the 1980s</u> in Apartheid and Education: The Education of Black South Africans, (Peter Kallaway, ed), 1988, Ravan Press, Johannesburg/South Africa, pp387-8, 395-7
(10) South African Institute of Race Relations,pp213-4, 223
(11) Department of Education, *Discussion Document, Lifelong Learning Through a National Qualifications Framework, Report of the Ministerial Committee for Development Work on the NQF,* Pretoria/South Africa, 1996
(12) 教育省が実施する全国共通の中等教育課程卒業試験、兼高等教育機関への入学試験。
(13) Department of Education, *Education Statistics in South Africa at a Glance in 2001,* 2003, Johannesburg/ South Africa, pg22
(14) Department of Education, 2003, pg39
(15) South African Institute of Race Relations, pg246
(16) Azeem Badroodien, *The Development of Technical and Vocational Education in South Africa from the 1920s,* (Ph.D. thesis), 2002, Cape Town/South Africa
(17) South African Institute of Race Relations, pg246
(18) 新教育制度では、児童、生徒、学生を学習者（learner）と呼ぶ。一方、教師は教育者（educator）と呼ばれるが、これらの呼称は実際の教育現場ではほとんど使用されていない。
(19) Jonathan D. Jansen, <u>Why OBE will fail?</u> (unpublished paper), 1997
(20) Judy Harris, <u>The Recognition of Prior Learning (RPL) in South Africa? Drifts and Shifts in International Practices : Understanding the changing discursive terrain,</u> (unpublished paper), 1997

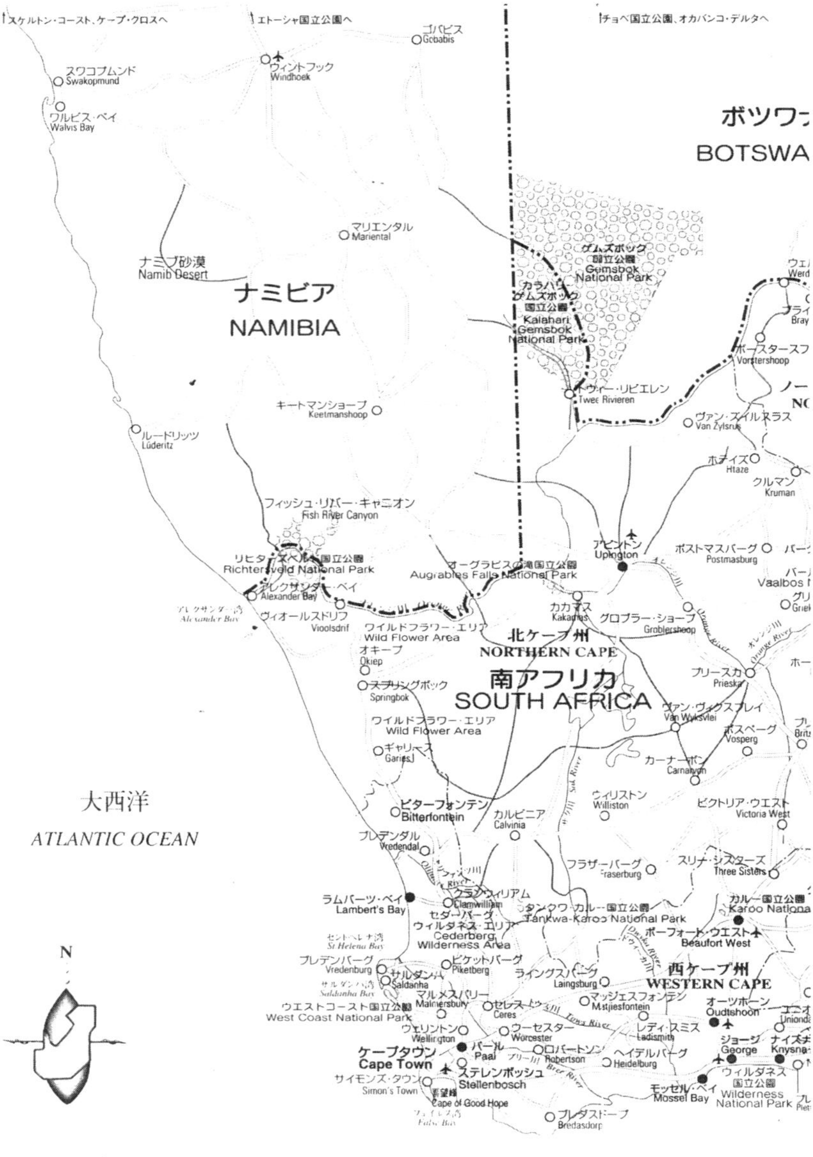
スケルトン・コースト、ケープ・クロスへ
エトーシャ国立公園へ
チョベ国立公園、オカバンコ・デルタへ
ゴバビス
Gobabis
ウィントフック
Windhoek
スワコプムンド
Swakopmund
ワルビス・ベイ
Walvis Bay
ボツワナ
BOTSWA
マリエンタル
Mariental
ナミブ砂漠
Namib Desert
ナミビア
NAMIBIA
ゲムズボック国立公園
Gemsbok National Park
カラハリ・ゲムズボック国立公園
Kalahari Gemsbok National Park
キートマンショープ
Keetmanshoop
トウィー・リビエレン
Twee Rivieren
ルードリッツ
Lüderitz
ヴァン・ズイルスラス
Van Zylsrus
ホティズ
Htaze
クルマン
Kruman
フィッシュ・リバー・キャニオン
Fish River Canyon
アピントン
Upington
ポストマスバーグ
Postmasburg
リヒタースベルト国立公園
Richtersveld National Park
オーグラビスの滝国立公園
Augrabies Falls National Park
アレクサンダー・ベイ
Alexander Bay
ヴィオールスドリフ
Vioolsdrif
カカマス
Kakamas
グロブラー・ショープ
Groblershoop
ワイルドフラワー・エリア
Wild Flower Area
北ケープ州
NORTHERN CAPE
オキープ
Okiep
スプリングボック
Springbok
南アフリカ
SOUTH AFRICA
プリースカ
Prieska
ヴァン・ヴィクスフレイ
Van Wyksvlei
ボスペーグ
Vosperg
ギャリース
Garies
カーナーボン
Carnarvon
大西洋
ATLANTIC OCEAN
ビターフォンテン
Bitterfontein
カルビニア
Calvinia
ウィリストン
Williston
ビクトリア・ウエスト
Victoria West
ブレデンダル
Vredendal
フラザーバーグ
Fraserburg
スリー・シスターズ
Three Sisters
ラムバーツ・ベイ
Lambert's Bay
クランウィリアム
Clanwilliam
タンクワ・カルー国立公園
Tankwa-Karoo National Park
カルー国立公園
Karoo National
セダーバーグ・ウィルダネス・エリア
Cederberg Wilderness Area
ボーフォート・ウエスト
Beaufort West
セントヘレナ湾
St Helena Bay
N
ブレデンバーグ
Vredenburg
ピケットバーグ
Piketberg
サルダンハ
Saldanha
サルダンハ湾
Saldanha Bay
ライングスバーグ
Laingsburg
西ケープ州
WESTERN CAPE
ウエストコースト国立公園
West Coast National Park
マルメスバリー
Malmesbury
セレス
Ceres
マッジェスフォンテン
Matjiesfontein
オーツホーン
Oudtshoorn
ウェリントン
Wellington
ウーセスター
Worcester
レディ・スミス
Ladismith
ケープタウン
Cape Town
パール
Paal
ロバートソン
Robertson
ヘイデルバーグ
Heidelburg
ジョージ
George
ナイズナ
Knysna
サイモンズ・タウン
Simon's Town
ステレンボッシュ
Stellenbosch
喜望峰
Cape of Good Hope
フォルス湾
False Bay
モッセル・ベイ
Mossel Bay
ウィルダネス国立公園
Wilderness National Park
ブレダスドープ
Bredasdorp

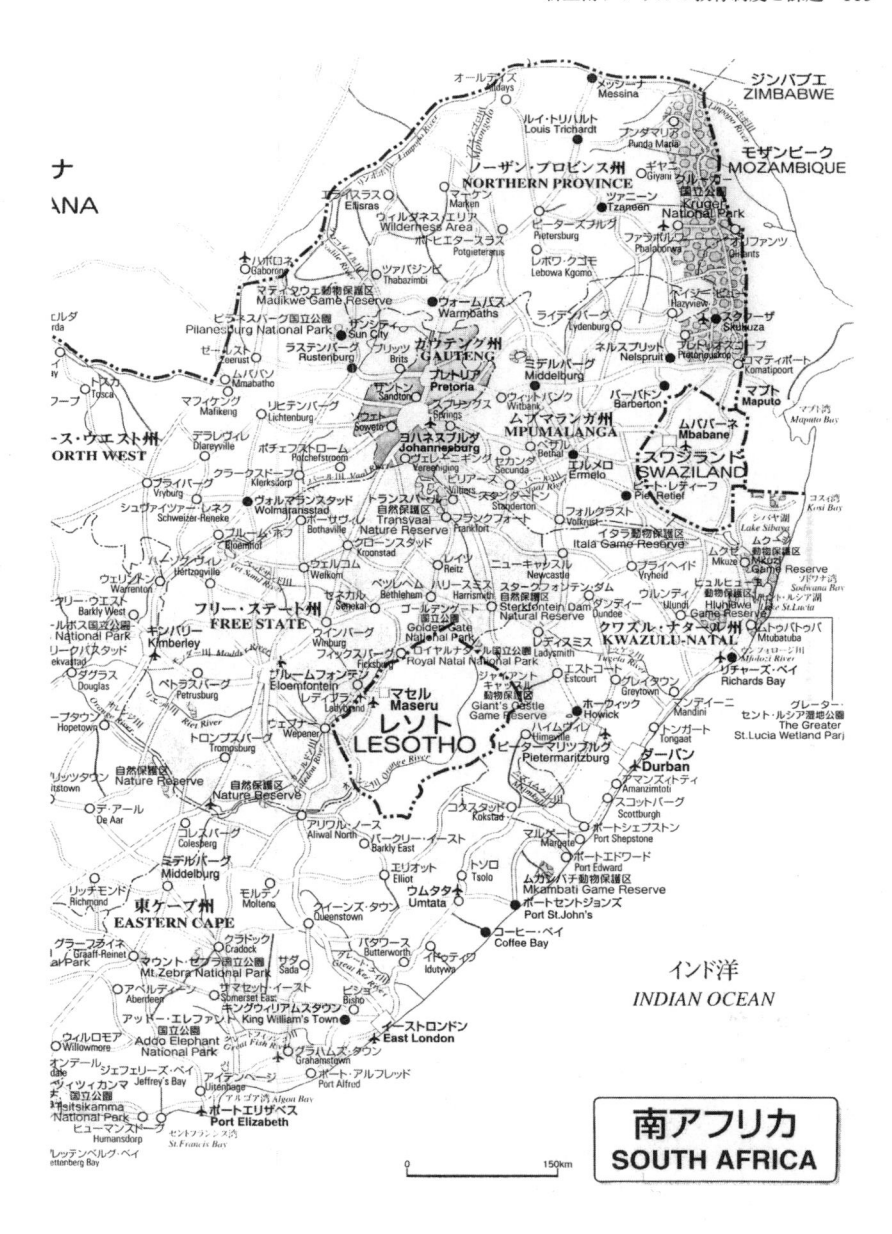

新生南アフリカの教育制度と課題　115

左　シティー・ホール（市役所）
ネルソン・マンデラ氏が釈放後スピーチを行ったことでも有名。

右　ストリート・チルドレンのための更正施設
教会の運営によるもの。現在の教育制度の枠組みにはまりきらないこの施設は、公的教育費だけでは運営できず、国内外の伝道団体からの寄付金に頼っている。

スクワッター・キャンプ（タウン・シップ）
アフリカ人やカラードが暮らすこれらのキャンプは無数に点在している。市内から40kmほど東に行ったところに位置する。

旅の記録

台南・安平墓地の墓誌と
公学校修身書教材

白柳弘幸*

1　安平墓地について

　安平墓地とは台湾の古都、台南市安平区安平路與湖内二街交叉口南辺にある安平第一公墓のことである。個々の墓の規模は大小あり、時期も長く及んでいるらしく朽ち果てているものから真新しいものまで様々であった。中京大学台湾総督府文書調査団[1]が目指した墓は安平墓地の入口近くの公道に面した一区画にあった。周囲と簡単に仕切られた約40平米ほどの中に12基の墓が並んで、正面に故人の氏名、裏面に故人の経歴や戦死に至る経緯が簡潔に書かれていた。

2　墓誌とそれを巡る周辺資料
①　墓誌の内容

　調査対象の墓は1937（昭和12）年7月の日中戦争時、当地から陸軍軍属[2]として出征し中華民国江蘇省付近にて病死または事故死された方々のものである。12基の墓の大きさや形態、石材は皆同一であった。今回、本稿で取り上げる墓誌は、調査時につけられた仮称Aにあたる「故陸軍々属陳養之墓」のものである。故人の氏名の書かれている裏面部分に

　　君ハ生来身体虚弱ナリシモ、日支ノ風雲急ヲ告クルヤ、軍夫トシテ父子
　　相揃ツテ勇躍上海方面ニ出征ス。其ノ意気哉壮ナリ。昭和十二年九月二
　　十八日、中華民国江蘇省滬海道羅店鎮付近ニ於テ戦没ス。臨終ニ際シ長
　　男阿雲ヲ□キ七生報国ヲ遺言セリ。当時ノ戦況一度伝ルヤ、全国諸新聞

---

*　玉川大学教育博物館

ハ楠公父子ノ再現トシテ、其ノ忠勇□称フ。本島皇民化ノ先駆トシテ死シテ尚余栄アリト謂フ可シ⁽³⁾。享年三十一　昭和十三年四月　台南復興製造」

また正面右側に

　　台南州知事従四位勲三等川村直岡識　王学石書

と刻まれていた。

②『公学校修身書』の一文

　先にあげた「故陸軍々属陳養之墓」の墓誌に注目したのは、『公学校修身書』[4]に掲載されている「心を一つに」という課の中に書かれている話の元になったものではないか、と予想したからである。以下、教科書本文の内容をあげてみる。

　大東亞戦争がはじまると、たくさんの兵隊さんたちは、お国のために、勇んで戦地に出かけました。

　そのほかの人たちも、じっとしてゐません。「私も戦地につれて行って下さい。」「私も。」「私も。」と、ねがひ出るものがたくさんありました。
これらの人たちは、軍夫になったり、つうやくになったりして、戦地に出かけて行きました。女の人でもかんごふになって、行った人もあります。みんな、お国のために、勇んで戦地に行ったのです。

　あるところに、親子二人で、軍夫になって行った人がありました。おとうさんが、戦地で、病気にかかってなくなりました。その時、おとうさんは、むすこをよんで、

　「病気のために死ぬのは、お国にたいして、まことに申しわけがない。父の死んだあとは、おまへが二人分はたらいて、お国のためにつくしてくれ。」といひました。むすこは、おとうさんのことばにしたがって、一生けんめいにはたらきました。

　国のうちでも、みんなが一生けんめいになって、お国のためになることをします。戦地に行ってゐる兵隊さんたちに、しんぱいさせないやうに、つとめましょう。

　教科書では墓誌に書かれている七生報国についてはふれていない。本教材が掲載されている昭和18年発行の台湾総督府『初等科修身一』教師用書が確認できないため指導目標等については不明である。

③新聞記事に見る陳父子

先の「故陸軍々属陳養之墓」の墓誌に「当時ノ戦況一度伝ルヤ、全国諸新聞ハ楠公父子ノ再現」と書かれていることを紹介した。これを裏付ける新聞記事を2件確認した。
ア）「東京朝日新聞」(5)
　「夕陽に哀し一条　子が父を焼く煙　親子出征　台湾出身軍夫の死」と大きな見出しから記事が始まっている。以下、全文を掲載する。

　　【羅店鎮にて斎藤（一）特派員三十日発】二十九日夕秋の陽は江南の平原を真紅に染めてゐる。前方厳宅付近の田圃中からゆるやかに上る一条の煙……近付いて見ると悲痛な荼毘の煙であつた。黒河部隊長が数名の兵と共に煙となつて天へ帰つて行く勇士の遺骸を囲んで今最後の礼を行つてゐるのであつた。

　　記者も思はず脱帽した。黒河部隊長が火葬に付してゐるのは軍夫として志願出征した台南市安平七六二出身の陳養君（四九）である。彼は連日弾雨を潜つて軍務に服してゐたが二十九日朝突然公病死した。部隊長は傍に立つ一青年を指しながら、

　　この青年は死んだ陳の長男の陳阿雲（二〇）なんだ。涙一滴落さず野末に父親を葬むるこの健気さを見てやつてくれ。

あゝ子が父を戦場で焼く！　部隊長は更に、

　　だが陳は満足して死んで行つた。彼はたゞ一人息子の阿雲と共に「天皇陛下への御恩報じの出来る時が吾々にも来た」と勇躍志願し妻一人を残して親子揃つて出征したのだが臨終に阿雲を呼び寄せ「病気で死ぬのは申訳ないが父が死んだ後はお前が二人分働いて御国のために尽してくれ。一人息子に看とられて逝けば何も思ひ残すことはない」と本当に満足さうに死んだ。

と語つた。傍で阿雲青年は、

　　父は初めて日本帝国の軍務に服し得たことを喜んで居りました。私にしても父親の最期の看護も出来ましたし、それこそ思ひ残すことはありません。鉄砲こそ持ちませんが父の遺言通り本当にこれから二人分働かねばならないと思ひます。

　墓誌には亡くなった陳養氏の年齢が31歳となっていたが、東京朝日の記事では49歳になっていた。20歳の息子がいることを考えれば、49歳の方が妥当であろう。

イ)「国民新聞」[6]

　「軍国感激集（23）」という連載への投書。「せめて軍夫にと志願した台湾の人」の見出しが本文中ほどにある。以下、掲載文をあげる。

　　台湾の人が二十になる一人息子を伴つて軍夫を志願し、願ひかなつて弾雨の中を甲斐甲斐しく働いてゐるうち、不幸にも病魔の虜となり「病気で死ぬのは申訳ないが、お前はきつと二人分働いてお国の為に尽して呉れるに違ひないから思ひ残す事もない」と云ひながら死んでいつたさうです。息子は部隊長始め兵士の手を借りて父を茶毘に附し、健気にも「父は日本帝国の軍務に服すことが出来たのを大変喜んでゐました。僕は鉄砲こそ持ちませんが、遺言通り二人分働いて日本帝国の為にお盡しするのです」と語つたと云ひます。（以下、略）

　投書の内容は、先の東京朝日の記事の域をでていない。国民新聞には当該の記事は見当たらないので、東京朝日もしくは他紙の記事を読んでの投書であったと思われる。

④外務省外交史料館文書の例

　外務省外交史料館「台湾ニ於ケル民心ノ動向及島民ノ時局認識状況如何」[7]に（一）軍夫トシテ功績アル者ノ例（ロ）として、陳父子の事例が記載されていたので紹介する。

（ロ）台南市安平　陳養及其ノ子陳阿雲
　　　（事実）右父子ノ者ハ、軍夫ヲ志願シ、同一部隊ニ従軍ス。父ハ上海戦線ニテ病ニ罹リ臨終ニ際シ、
　阿雲（子）「オ父サン、私ハコレカラ二人分働キマス。キット勝ツテ帰リマス。」
　養（父）「ヨク言ツテ呉タ。オ前ガ若シ無事故郷ニ帰ツタラ老イタル母ニ、父ハ満足シテ死ンデ行ツタト言ツテ呉。」
　　　阿雲ハ愈々軍務ニ励ンダ。

　陳養及其ノ子陳阿雲と実名が記載されているため墓誌の主であることは間違いない。ここでは墓誌、教科書、新聞記事にも見られない父子の会話が主となっている。本資料が掲載されている「台湾ニ於ケル民心ノ動向及島民ノ時局認識状況如何」の冒頭に、

　　台湾ニ於ケル本島人ハ主トシテ対岸福建省、広東省ヨリ台湾開拓ノ為ニ出稼ニ来レル者ノ子孫ニシテ、福建省・広東地方トハ密接ナル関係ガアリマスガ、領台以来一視同仁ノ聖旨ニ基ク統治ノ慶択ニ浴シ島民斉シク

ママ康福ヲ享ケツツアル。今次事変ニ際シ島民ハ克ク時局ヲ認識シ、国民的自覚昂マリ、或ハ軍夫トテ、或ハ軍ノ通弁トシテ第一戦ニ参加シ功績ヲ樹テルモノアリ。（以下、略）

とある。陳父子の出来事は新聞紙上に載り話題性があったため「島民ノ時局認識」の一つとして収められたのだろう。1940年に資料作成されたのであれば陳養氏の戦病死の2年後のことになる。

3 墓誌を巡る調査より

　台湾で中京大調査団とともに安平墓地を訪問したのは、SARS騒動前の平成15年3月23日の日曜日であった。墓誌の採録を参加者全員で行い、筆者の担当分を終了し、他の碑文も読んでいた時に見出したのが仮称A「故陸軍々属陳養之墓」であった。読み始めて驚きつつも、『初等科修身一』「心を一つに」の出典元であると確信した。そして、6月の某日、外務省外交史料館で台湾教育令関係資料を調査していた時に偶然見つけたのが2章④の史料であった。この時，我が目を疑ったものである。修身科や国語科の教材文には創作されたものが少なくない。教材文として取り上げられた実話の原資料を見出した意味は大きいのではないだろうか。墓誌には全国諸新聞に取り上げられたとある。「七生報国ヲ遺言」「楠公父子ノ再現」と報道したのはどの新聞だろうか。国会図書館での台湾日日新報や大阪朝日新聞台湾版等には欠号が多く確認できなかったので、再度他機関で調査したいと考えている。

　「国民新聞」には「軍国感激集」という読者投稿欄の記事で取り上げられていた。この投書の背景には、台湾の人たちでさえ軍夫として戦地に赴き、お国のために一命を捧げている。日本人ならもっと尽くさなくてはならない、という日本人諸氏への戒めの意味がこめられていた。そうした意味合いは「君が代少年」[8]の美談が台湾や朝鮮、日本の青少年に対して発せられたものと同一である。しかし、陳父子の教科書掲載は台湾総督府版のみとなった。そのあたりの採用を巡る力学はどのようなものだったろう。平成14年に台湾人と日本語教育をサブタイトルとした『「君が代少年」を探して』[9]が出版された。そこには日本語が達者で、日本びいきの人々が登場している。そうした方々は今も皇民化教育の成果を背負っているわけである。「君が代少年」は皇民化教育

の学習教材として知られているが、本稿で取り上げた「心を一つに」にも同様の性格を見出せる。再度、台南を訪問し子息陳阿雲氏や血縁の方々を捜し、養氏と阿雲氏との会話やその後の話の進展なども調べたいと思っている。

　安平墓地で「故陳養氏の墓誌」と出会い『公学校修身書』教材の周辺を調べることになった。「故陳養氏の墓誌」文は平成15年3月に実施された中京大学台湾総督府文書調査の一環として行われた金石碑調査で採録したものである。中京大学からの報告書に先立ち、調査資料の提供及び使用を許可してくださった中京大学教授檜山幸夫先生に感謝したい。

【注】
（1）第21次春季調査（平成15年3月）
（2）軍属についての定義は陸軍省『軍制綱領』（明治8年12月）が初見と思われる。第一編第一の陸軍武官ノ階級として「凡陸軍人員ハ区シテ二大別トス。　其一　軍人　其二　軍属（中略）其軍属ト称スルハ陸軍出仕ノ文官、其他陸軍各衙門、城堡、武器火薬、糧食等ノ倉庫草秣ノ諸廠ニ於テ監守、支給、使役、運輸等ノ役ニ供スル者トス。」と、述べられている。安平墓地の12基の方々は全員故陸軍々属の肩書きであった。
（3）碑文には句読点がついていないが筆者の責任でつけ、旧字体は人名を含めて通行の字体に改めた。仮名の清濁、平仮名とカタカナの表記は原文通りにしてある。
（4）台湾総督府『初等科修身一』「十五　心を一つに」（昭和18年3月第1版発行）。同じ名称の課は文部省『初等科修身一』（昭和17年第1版発行）と、朝鮮総督府『初等科修身第三学年』（昭和18年第2版発行）に見る。文部省版と朝鮮総督府版は、元寇に備えて老若男女が国土防衛のため心を一つにするというもので、挿絵は異なるものの文章は一字一句同じであった。3冊ともに小学3年生用である。
（5）早稲田大学現代政治経済研究所所蔵マイクロフィルム　昭和12年10月1日（金）朝刊・第18490号・11面　尚、本文中の句読点は筆者の責任でつけている。
（6）前掲所所蔵　昭和12年10月6日（水）朝刊・第16473号・8面・以下脚注5と同じ。本文の投稿者は白木屋・新谷春枝。
（7）外務省外交史料館蔵「本邦ニ於ケル教育制度並状況関係雑件　台湾教育令改正関係」中「秘二　台湾教育令中改正案説明資料（一門一答）」請求番号I27　表記は注3と同じ。
（8）文部省『初等科国語三』（昭和17年3月翻刻発行）、台湾総督府『初等科国語三』、（昭和18年3月発行）、朝鮮総督府『初等国語第四学年上』（昭和20年2月第3版発行）でそれぞれ掲載を確認。
（9）村上政彦『「君が代少年」を探して』平凡社　2002年10月発行

シンガポールの
「体験」・「記憶」・「思慕」
――元日本語学校生徒へのインタビューノートより

樫村あい子＊

1、はじめに

　3度目の渡星支度をしていたら、なんとタイミングよく、「シンガポールでSARS患者発症」とのニュースがラジオから飛び込んできた。急いで薬用石けん、ウェットタオル等を買いに行きながらも、今回出会う、インフォーマントたちを思った。今回の旅は2000年のフィールドワークから抱え続けている元被教育者たちの教師に対する「思慕の念」という意識の解明に、ジェンダーとジェネレーションという視点からアプローチすべく、National Archiveの協力によりインフォーマントをやっと探し当て、急遽決まったものである。
　そこで今回は、2000年のフィールドワークで与えられたこの課題についてもう一度フィールドノートをふりかえってみようと思う。

2、シンガポールとの出会いと今

　シンガポールは日本の淡路島ほどの独立国家で、総人口約330万人の多民族国家である。民族比は中国系が76.7％、マレー系が13.9％、インド系が7.9％、その他が1.5％[1]であり、華僑国家ではあるが、国語はマレー語である。観光国として日本ではなじみだが、かつてこの国が日本の占領地であった事は私たちの世代ではほとんど知られていない。
　私がその歴史的事実を初めて知ったのは大学のゼミ講義であった。

＊　一橋大学大学院社会学研究科地球社会専攻博士後期課程1年

シンガポールの歴史は波乱に満ちている。戦前はイギリス植民地を経て、日本の占領地となり、戦後マレー連邦の一員となるが、民族構成的理由から独立する。そして、積極的な外資誘致により、現在の「観光大国」「電脳国家」としての発展をとげた。

　2000年の9月は今年と違って残暑が厳しかったが私は修士論文作成のため、平均気温27度のシンガポールを再び訪ねた。この旅では被占領者の声から「日本占領下の日本語教育」の実態を掘り起こすべく当時の生徒たちにインタビューする事が主たる目的であった。2度目のシンガポールは初めての時より、よりルールと秩序に満ちていた。街ゆく人々はスタイリッシュで、街もみごとに整えられていた。人々はサービス精神に富み、それは日本並みに徹底していた。そして教育水準があがり、世代交代が進んだ象徴のように、毎日食事に通った屋台でも、ふらりとよった裏通りの中国書籍専門書店でも、全て英語が通じた。

　私は、約10年前に今は亡き恩師から「実際に現地に行って肌で感じたことは、たとえ文中に書かなくても論文の行間からにじみ出るものだ」との一言を機に、バイト代をはたいて学部3年の春休みに初めてシンガポールを訪れた。その時はもっと日本人に対して「愛憎入り混じった」態度が見られた。故に私は強烈に「自分が日本人である」ことを感じ、歴史の重さを知った[2]。しかし、今回の訪星では、「日本人か？」「昭南島を知っているか？」といった質問を受けることもなく、特別視される事もなかった。

3、インタビュー調査

　さて、今回2000年9月の旅で、日本から抱えていった調査課題の一つは、元軍政監部国語学校生徒たちの元教師に対する「思慕」の意識であった。

　宮城学院女子大学の宮脇弘幸先生と、渡航前にインタビューを進めていた元日本語教師の平野（旧姓宮古）嘉子氏のご紹介により、現地では中国系シンガポーリアン（男性）C氏、G氏、A氏の3名とインド系シンガポーリアン（男性）B氏、H氏の2名にお話を聞くことができた。シンガポールで日本占領期の「体験」を直接話してくれるインフォーマントを探すのは容易ではない。弾圧された中国系が多い事が大きな理由でもあるが、戦後の国家政策として観光と日本企業誘致に積極的である社会事情も関係無いとは言えないだろう。実際、

シンガポールのデパートのほとんどは日本のものである。加えて、日常生活は東京のそれと変わることなく、人々は治安に非常に敏感で、見ず知らずの外国人がいきなり声をかけようものなら非常に警戒される雰囲気である。

ところで、彼等に会う前に、私はシンガポールの歴史の今を知るために、セントーサ島のImage of Singaporeを訪れた。シンガポールの歴史と習俗が蝋人形等によって表されているこの博物館では、ワンフロアーを日本占領期のシンガポール時代の説明にあてている。展示史資料は以前とあまり変わりなかったものの、ルートの最後に縦横約2メートルもあった広島の原爆投下写真パネルが10分の1程度になっており、昭和天皇の敗戦の詔が日本文で飾られていた。シンガポーリアンにとって、またシンガポールにとって「原爆投下」＝「日本からの解放」の意味も時代と共に変化しているのだろうかとの疑問を持った。しかし、意味付けは今の人間がすることであって、私がインタビューする人たちにとっては今でも変わっていないのではないか。ただ歴史教育の意味付けとシンガポール社会の国際社会における位置が変化したのだろうと、マンゴージュース片手に休息をとりながらつらつら考え、館を後にした。

実際のインタビューは一人平均3～4時間行えた。渡航前に、宮脇先生からご紹介を受けた3人とはメール交換を数度行っていたので、おおむね話は滞りなく進んだ。スケジュールはシンガポール滞在が約2週間と短かったため、タイトなものになったが、初日にC氏、翌日にA氏、G氏にインタビューし、間はNational Archivesでの調査をし、帰国前にインド系シンガポーリアンのB氏とH氏に会い、最終日前に再びC氏に話を聞けた。

彼等は非常に親切だった。それは、現在の彼等の生活がある意味安定している事を示していた。また、私が若い世代の女子学生という事もインタビューにはいいように影響していたように思う。

まず、シンガポール生まれの華人のC氏（1928年生）は、戦前は英語学校に行っていたものの、日本軍の占領で学校が閉鎖され、父の薦めもあり昭南日本学園に入学した。彼の姉は同学校の1期生で彼は2期生であった。彼は入学の目的を「日本と日本人を理解するため」と語った。そして、「今でも当時の先生を尊敬している」と語り、前出の宮古先生に対して「思慕」の念を示した。私が日本から持っていった彼女の写真を嬉しそうにながめ（写真はプレゼントした）、授業がとても楽しかった事を流暢な日本語で説明してくれた上、当時の学生証をプレゼントしてくれた。彼の従兄弟は占領直後の「大検証」で殺されているにもかかわらず、彼は日本語を習い続け「軍人」と「教師」を区別し

て見ていたと述べ、占領中働いていた部隊の日本人女性が初恋の相手だと照れくさそうに教えてくれた。彼がクリスチャンであることが影響していると思うが、「嫌な事は忘れて楽しいことを考える事で人は前に進める」との言葉が忘れられない。彼が「体験」を「記憶」にしていく過程でずっとこのように思って生きてきたのなら、それはある意味辛い現実である。はからずもインタビュアーの役割を失念し、一日本人として涙してしまった。彼は、フィールドワークの不慣れな私のガイド役を自ら買って出てくれ、旧日本人街や部隊跡、National Archivesでの史資料探しにまでつき合ってくれた。彼のお陰で貴重な史料も手に入れられた。

次にあったA氏(1924生)は平野氏と今でも交流を持っている中国系シンガポーリアンの明るく楽しい男性であった。彼は、突然の電話での面会の申し込みにも宮古先生の名前を出すと快く応じてくれた。占領時すでに17歳であった彼は、親の楽器店を手伝っていたが、昭南日本学園・軍政監部国語学校の夜間クラスに通い日本語を勉強しながら、軍の要請により放送局などでバンド演奏をして働いた。彼は非常にあっけらかんと（私の印象では）「占領中は何も辛いことはなかった」と発言し、私は「彼は私に気を使ってくれているのだ」と思った。が、手に職を持っていた彼は軍の仕事に従事していたため、食料物資の調達に苦労しなかった事、好きな音楽を続けられた事、両親の楽器店も軍の優遇を受けていた事などを話してくれた。また、戦後には平野氏を訪ねて日本にも来ており、「先生が日光に招待してくれた」ことが嬉しかったと言い、「日本人に対して悪感情は無い」とにこにこと語った。そして、平野氏へのプレゼントを私に託した。ここでも「思慕」の念を体感した。

学部時代を含め、日本で読んだ書籍類の多くは、中国系シンガポーリアンへの日本人の蛮行とその辛い記録が批判的につづられている物がほとんどであった。日本人の現地での苦労話やシンガポーリアンたちとの交流を描いた物は、元南方派遣日本人たちが書いた物であったので、「記憶の修正」や「合理化」を疑わねばならなかった。日本占領時の教育に対しては天皇制と結びついた「奴隷教育」と称されることがお決まりのフレーズとして、私の頭にこびり付いていた。

が、国内調査から始めた私がインタビューで聞いた内容は、教育という場での生徒と教師の親密な交流だった。その真偽を確かめる事も今回の旅の目的だったのだ。

3人目にお会いしたG氏は現役の教育者でもあり分筆家でもある。彼もまた

教師に対し「尊敬」と「思慕」を示した。話の内容は占領中の教師の思いやりと敗戦後の立場の逆転により、教師が本当に対等に心を通わせてくれたというものだった。彼の「思慕」の念はこの日本語学校で出会った先生との個人的エピソード(3)と強烈に結びついているようだった。彼は分筆家らしくこれらの話を著書にまとめており、広島の短期大学で講演もしている。ここでも「思慕の念」に出会い、課題を渡された私だった。

　インタビューの帰り道、彼の著書をHMPで買い求めた。今の私たち世代が教師に対して「思慕の念」を何十年も持ち続けられるか？　自問した私であった。「たけしのTVタックル」中で、アメリカ・中国の80％の学生が「教師を尊敬している」と答えているのに対し、日本の学生は20数％であったと言っていた。この統計の出所は不明であるが、あながちはずれてもいないであろう。「思慕の念」は社会通念とそれを形づくる社会環境と密接に関与している事は確かだ。日本占領期の社会がどのように彼等の「体験」に照射され、どのようにその後の「記憶」が形づくられたのかを読み解く作業は、日本占領期の教育がシンガポールでどのような機能を担ったのか、また担わされたのかを解明する大切な作業である。

　ところで、本来ならインフォーマントの言語でインタビューを行うことが原則であろうが、今回私はインフォーマントの意思にまかせ、英語と日本語で自由に語ってもらった。通訳を雇う予算が無いというのが本音だったが、意外にも日本語を話すことを彼らは楽しんでいるようにも見えた。特に占領期の学校の話をする時は、ほとんど日本語であった。逆に、自分の考えを言う時には英語を使った。

　インド系シンガポーリアンのB氏（1917生）とH氏（1922生）の口から繰り返し語られたのは「日本占領がインド独立の自信を与えてくれた」事であった。B氏は占領時すでに職に就いていたので日本語習得は彼にとっては昇進に直結していたので、「自信」とは密接な関係だったろう。B氏は郵政局特別科に通っていたが、当時の教師との関係を「戦争の時だったので、先生と生徒同士のつきあいはあまりなかった。郵政局だったし、（教師側に）現地とつき合うとダメだぞという考えもあった。また、文化も違うので」と説明してくれたが、「しかし、担任のK先生は印象深かった。彼はワンダフルでファインだった」と付け加えた。私は戦後55年経っても担任の教師の名前を覚えている事に彼の日本語教育に対する「記憶」の有り様が見えた気がした。

4、再考

　今回は軍政監部国語学校という軍直轄の、ある意味エリート校の日本語学校へ通っていた被教育者たちへのインタビューであったことを考えると、日本語教育に対し肯定的意味付けが多かったのも容易に想像できよう。
　しかし「思慕の念」はシンガポーリアン個々人の「体験」と「記憶」の変容を私に見せた。「思慕の念」は占領期の社会で、そして戦後と、彼らがどう生きたのか、生かされたのかを表象していた。
　一般に、低く評価されているシンガポールの日本語教育は、現在も被教育者だったシンガポーリアンたちに「思慕の念」を抱かせることで生き続けている。もちろん、すべてのシンガポーリアンに当てはまることではないだろうが、占領下の日本語教育が実は不可視的に浸透していたともいえるのではないだろうか。
　日本占領下、シンガポールにおいて教育が担った機能と役割が日本人教育者とシンガポーリアンにどのような「体験」をもたらし、現在の彼等、彼女たちの「記憶」に意味づけられているのか。その実態を解明する鍵は、シンガポール社会の多様性と多層性を追い続けることで見えてくると考える。日本側史資料も大切であるが、彼等の「記憶」に照射されている「日本語教育」も過去と現在を結ぶ価値ある史料である。
　どうやら、SARSは落ち着いたようだ。今回の旅は女性のインフォーマントに3年かけてアポイントを取った。厳しい話を覚悟して真摯な気持ちで聞いてこようと思っている。(2003年、9月記)

【注】
(1) 社団法人日本シンガポール協会『数表で見るシンガポール共和国の概況2003年3月』p1　2001年統計から
(2) 拙稿1992年「シンガポールを旅して」『焦げた箸箱』戦時下の小田原地方を記録する会　夢工房　参照
(3) Goh Sin Tub　1998年「The shoes Of My Sensei」『One Singapore』EPB Singapore

方法論の広場

植民地教育史研究の方法論と叙述に関するノート
―― 目良誠二郎「オルタナティブと「和解」の歴史学・歴史教育を求めて」に触発されて

佐藤由美*

＊はじめに

　昨年、教育史学会紀要『日本の教育史学』第46集で「東洋教育史の研究動向」を執筆する機会を与えられた。東洋教育史という広範な研究領域を前にして充分な仕事はできなかったが、このときに得た知見をもとにいくつか述べてみたいと思う。

　まず、2002年に上梓された東洋教育史の研究論文のうち、半数以上は植民地教育史に関係する研究であった。なかでも印象的だったのは、2001年に「つくる会」の『新しい歴史教科書』が検定を通過したことを受けて、歴史認識や歴史教育を再考するといった特集が各誌で組まれたことである。

　『歴史学研究』767号「韓国からみた日本の歴史教科書」には、日韓合同歴史研究シンポジウムにおける韓国側の報告3編、順に安秉佑「扶桑社刊行の歴史教科書の問題点――その歴史観と政治的背景」、徐毅植「韓国の歴史教科書編纂制度と教科書の内容」、崔柄憲「日本の歴史教科書の歪曲と歴史認識の問題点」が収録された。

　『歴史評論』632号「世界の歴史教科書はどうなっているか」は、各国各地域で歴史教科書の編纂や検定に関わった4人の歴史学者による論稿で構成されている。三宅明正「本当に新しい歴史教科書とは何だろうか」は、高校日本史Aの教科書が検定で合格に至るまでの過程を論じており、呉文星「台湾の国民中学『認識台湾　歴史篇』を執筆して」は、台湾で初めての台湾史教科書の編纂の意図と経過を論じている。鄭在貞「韓国の一種（「国定」）教科書

＊　青山学院大学（非）

はいま」は、韓国の教科書制度が国定制から検定制、さらには自由発行制へと移行しつつあることを論じており、君島和彦「日韓歴史共通教材の現状と今後」は、数年にわたる韓国との共同研究の成果を報告している。

さらに『朝鮮史研究会論文集』第40集には、鄭在貞「問われる歴史教科書、広がる「歴史の対話」――共生のためのオデュッセイア」、目良誠二郎「オルタナティブと「和解」の歴史学・歴史教育を求めて－朝鮮の植民地支配を教えることから学び、考えたこと」の2編が収録された。本研究会でも『植民地教育の支配責任を問う 植民地教育史研究年報』4号で「歴史教科書問題と植民地教育」の特集を組んでいる。いずれも「つくる会」の教科書に対する批判にとどまらず、それを契機にしてそれぞれが関係する歴史教科書の編纂や検定制度の在り方を見直し、中高生の歴史認識をどのように育てていくかへと問題関心を発展させている点が興味深い。

＊歴史教育の見直し

個人的に最も共感したのは上掲の目良論文である。目良は海城中学・高等学校で社会科歴史教育の授業実践を行なう立場から、歴史をオルタナティブな視点から捉えること、「精緻な個別実証研究を土台とした……カタルシスを生み出すような歴史叙述」、「「和解」の歴史学に基づく歴史叙述」の必要性について論じている。目良はこれまでの「暴露・告発型近現代史授業」を反省し、それに代わる授業を模索し続けてきた。目良によれば「暴露・告発型近現代史授業」は、「日本の侵略をおそらくあたかも中国人や朝鮮人のような顔をして暴露・告発」する「啓蒙的で超越的な姿勢」で行われており、「加害の事実を暴露的に教えるのに急で、生徒たちに加害の事実を直視する勇気とアジア諸国民との和解・共生（＝アジアの平和）を願う主体的な意欲と展望を育てるという、授業本来の目的を見失って」しまうという。

これは筆者にも覚えがあった。かつて私立の中学・高等学校で授業を受け持った経験があるが、韓国での数ヶ月の滞在を終えて間もなかったことも影響して、日本の植民地支配の苛酷さ、それが現代に及ぼす影響などについて、それこそ啓蒙的に「使命感」のようなものさえ感じて熱心に語った。いまから10年以上も前のこと、生徒の反応もそれなりに良かったのだが、徐々に何か虚し

さや違和感が残るようになっていった。それはあたかも自分が朝鮮人の代弁者であるかのような、その苦しみを熟知し理解しているような錯覚を起こしていたことに気づいたからである。

少し前に、中学・高等学校で教師をしている友人から次のような話を聞いた。3・1独立運動の授業をしたところ、生徒には朝鮮人が独立を求めて叫ぶ「万歳、万歳」（「マンセー、マンセー」）という音が印象的だったらしく、休み時間にそれを真似て遊んでいたという。国を奪われた民族の怒りへの共感というところにはなかなか届かない。大学生のなかにも、中学・高校時代に受けた「暴露・告発型近現代史授業」に対して食傷気味だという感想を持つ者がいる。また史実を丹念に検証しているかどうかを見極めることなく、日本だけが悪いのではないといった「居直り」の論調に同調している者もいる。これらは「暴露・告発型近現代史授業」の反動のような気がしてならない。

目良は「暴露・告発型近現代史授業」を克服する新しい授業を創造した。教材として選んだのは、柳宗悦、浅川巧、石橋湛山である。日本統治下の朝鮮に対する彼らの独自な向き合い方を学ぶことに、「暴露・告発」に終わらない、「主体的な意欲と展望」に繋がる歴史教育の可能性をみたからである。そして実際これらの授業は、生徒たちに「あの時代にさえ少数ではあってもそれだけのことを考え行動した日本人がいたことへの、予期せぬ驚きと感動、そして誇りを生む」と同時に、「だとすれば現在の自分たちにだってという、未来に向かっての心地よい緊張を伴った意欲と展望を生む」という。さらにこれを契機にして「過去の日本の加害の歴史も直視しなければという勇気を生む」ことに発展していくというのである。

加害の歴史が重たければ重たいほど、それを執拗に突き付けられれば目を背けたくなるものである。真摯に受け止めた生徒は頭を抱え込んで落ち込んでしまうだろうし、そのショックを癒したいと思えば、あの時代の日本にとっては仕方がないことだったのだという言説に逃避していくことにもなる。さらに気の短い生徒は反発を感じソッポを向いて、この問題に対する思考を停止させてしまう。目良の実践は、こうした生徒のあらゆるタイプの反応を回避し、加害の歴史を現在の自分たちの問題として捉えさせる、未来に向けての可能性を追求したものである。

＊「歴史のオルタナティブ＝選択肢」とカタルシスを生み出す叙述

　このような授業実践を通して目良が提起するのは、まず、「歴史のオルタナティブ＝選択肢」の問題、具体的には「日本近代の侵略が歴史の絶対的な必然でも不可避のものではなかったことを、歴史学的に実証する必要があるのではないか」ということである。かつて日本近代教育史の故佐藤秀夫先生が、大学院の授業のなかで「歴史に"ｉｆ"はないけれど、もしもこの時、○○だったら、○○すれば、違う展開になったのではないか。まぁ、そういうふうにはならなかったんですけどね」と豪快に笑いながらおっしゃっていたことをふと思い出す。
　たしかに実際に起こった歴史的事象については、その背景がどうであったか、どのように展開したのか、その構造をどう捉えることができるか、その後にどのような影響を及ぼしたかといった具合に研究は進展していく。しかし選択肢としてはあり得ても、実際に起こらなかったことは歴史研究の対象になりづらく記憶から排除されがちである。よくよく考えてみれば、その選択肢も含めて考察することで、対象となる時代、歴史的事象をよりリアルに捉えることができるはずである。他に選択肢はなかったのか、あったとしてもそれが選択されなかったのは何故だろうか、そこを歴史研究の視野に入れて実証することの必要性が指摘されたわけである。そうすれば、「仕方がないこと」へ逃避することはできなくなるだろうし、結果的にはそうならなかったとしても、別の選択肢（可能性）を考えた人がいたという事実が、「史実を直視する勇気」へと発展していくように思われる。
　次に目良は「精緻な個別実証研究を土台にした……カタルシスを生み出すような歴史叙述」、「「和解」の歴史学に基づく歴史叙述」を提起している。目良のいうカタルシスとは、近現代史における加害の事実を暴露・告発的に突き付け、出口のない暗闇に追い詰めることから、その時代にも別の価値観（選択肢）をもって朝鮮人に向き合った人たちがいたという物語を紡ぐことによって脱却し、その物語への感銘をエネルギーにして、加害の事実を直視し和解の道を歩むことのできる前向きで穏やかな心の状態のことをいうのではないだろうか。「精緻な個別実証研究」が土台であることは大前提であるが、そこに止まらずに感銘や共感を誘う、人々のなかに和解の種を植えるような歴史叙述を求

めているのである。

＊筆者の試みから

筆者はかつて拙著『植民地教育政策の研究【朝鮮・1905-1911】』（龍渓書舎, 2000年）で、「併合」前後の植民地教育政策の展開について、5人の日本人学務官僚（幣原坦1870-1953・三土忠造1871-1948・俵孫一1869-1944・隈本繁吉1873-1952・小田省吾1871-1953）の朝鮮観や教育観、及びその行動に焦点を当てて叙述することを試みたことがある。何故このような方法を用いたかといえば、現在生きている私たちが植民地教育史を自分の問題として考えられるような取組み方はできないものだろうかと考えたからである。史料に忠実な緻密な教育史研究に強い憧れを持つと同時に、過去の一部を切りとって分析して済ませるだけではない研究を目指したいと思っていた。

目良の言葉を借りて言えば、筆者は一人ひとりの人物の思想と行動のなかの「オルタナティブ＝選択肢」に注目したかったのである。政策が決定されるまでのプロセスに見え隠れする他の選択肢と可能性。植民地支配を担ったという意味では、現在の私たちが誇りに思える人物ではないにしても、彼らが当時、何をどのように考えたのか、何に迷い、何に気づかなかったのか、彼らの思索の跡を丹念に追うことは、現在の私たちのアジア諸国・諸地域、そこに暮らす人々との向き合い方と重なる部分もあり、反省的思考を促すことに繋がるのではないだろうかとも考えていた。

また、それぞれの学務官僚がどのように人間形成された人物であるかにも関心があった。植民地官僚を一括りにしてしまったのでは見えなくなってしまうが、それぞれの朝鮮観、教育観はかなり異なる。それは人間形成のされ方が違うからで、そのことが個人の選択肢、可能性の幅とも連動しているように思えたからだ。石橋湛山が幣原坦の教え子であることなどは実に興味深い。

このように人物に注目しながら教育政策史を叙述することで、植民地官僚が私たちとは無縁の没個性的な存在なのではなく、身近な存在、もしくは私たち自身が代わりかねないことを自覚したかった。反省的思考を繰り返す努力を怠れば、私たちはいつでも高慢な植民地官僚に変身する可能性を持っている。

この筆者の試みは決して成功したとは言えない。史料に忠実な緻密な実証研究という点では史料不足のところもあり、叙述については力不足を感じている。

その詳細についてはいくつかの書評[*]で取り上げられているのでそちらに譲ることにするが、誤った読まれ方、引用については憤りを感じている。拙著が引用されている、自由主義史観研究会理事・杉本幹夫『「植民地朝鮮」の研究』（展転社、2002年）は、引用の頁数や引用箇所が明確でないため、拙著と杉本自身の表現との区別ができない。例えば「第三章 日本統治下の朝鮮 三 道徳教育から始まった教育」（pp.267～279）では、拙著が5箇所にわたって引用されているが、「韓国人の悪癖を指摘し、改善努力を促している記述も多い」（p.270）、「上級学校を目指す人には、ハンデが減少したことになる」（p.273）などは、杉本自身の見解であるにもかかわらず、拙著の見解であるが如き誤解を生む表記になっている。

＊批判のまえに共感を

　このような無作法な例は無視するとしても、時折、筆者の真意が読者に伝わっているかどうかという点で心配になることがある。それは研究の一部分を取り上げて早合点されたり、表現上の問題に躓かれたりして、早い時点で正確に読むことを放棄されてしまうことがあるのではないかと考えるからである。目良論文に戻るが、目良の実践や提起は必ずしも正確に受け取られていないようで残念に思う。例えば、目良の柳宗悦や浅川巧、石橋湛山を教材にした授業に対しては、「例外的少数者の不当な一般化だとか、「善行を取り上げて示すにとどま」る「一面的理解」だ」という批判があるという。目良がそれらの教材をとおして生徒に何を伝えようとしているのか、どのような態度を育成したいと考えているのかを読み取ろうとする歩み寄りがそこには見られない。

　寺崎昌男が稲垣忠彦からの書評に答える文章のなかで「書評の第一前提が著作への理解とテーマへの共感であるとすれば、稲垣氏の書評は、被評者として感謝すべきことに、その前提を満たしている。氏の記されているのは、共感的批評に発する期待であると思う」（『日本教育史研究』17号）と書いているが、この「著作への理解とテーマへの共感」という読み手の姿勢はきわめて重要だと考える。読み手が自分の興味関心や枠組みから離れられずに著作を受け取るならば、著者が何を言おうとしたのか、その真意は伝わりづらい。まずは「著作への理解とテーマへの共感」をもって著作を味わい、そのうえで批評を行なうのであれば、それは研究の進展やテーマに立ち向かう勇気、エネルギーに直

結するように思う。ともに理解し共感するという姿勢は「和解の歴史学」へも通じるものである。

＊おわりに

　「和解の歴史学」という概念は、池明観氏がハンナ・アーレントの論文「真理と政治」を参考に提唱されたものであるという。池明観氏は「和解の歴史学」について次のように述べている（目良論文から再引用）。「20世紀を嘆くこと、そして同時に、その暗い時代にも正しく生きようとしてもがき苦悩した少数の人々を賛美すること。こういう歴史は反省の歴史であり、批判の歴史であり、なによりもともに嘆く歴史となることでしょう。これが自虐というならば、いったい崇高なる人間の精神とはどこに存在するのでしょうか。ともに嘆き、ともに賞賛しながら、その歴史は結局和解の歴史へとつながっていくものだと思います」。そして池明観氏は、「つくる会」の「アジア諸民族への敵対的な『傲りの歴史』観」を克服するように私たちに求められ、韓国も「民族主義的な日帝批判の歴史観」を克服する必要を語られたという。

　20年近く前、韓国に数ヶ月滞在した時に遭遇した忘れられない光景がある。それは日本の老婦人と韓国の老紳士の会話である。夕暮れ時の大学路、まず、老婦人が「本当に酷いことをした時代でした……」と言って深々と頭を下げた。老紳士はにっこりと笑いながら老婦人の手をとって「本当に大変な時代でした。これからはいい時代にしましょう」と流暢な日本語で話された。老紳士の寛容さにも心打たれたが、何よりもお二人の、同じ時代を生きた者同士というような立場を超えた連帯感を前にして呆然と立ち尽くしてしまった。

　「和解の歴史学」の境地に辿りつくにはまだ時間がかかるかもしれないが、韓国の研究者や教育者が既にその一歩を踏み出しはじめていることを、今回、「東洋教育史の研究動向」を執筆するなかで知った。「つくる会」の問題を韓国における自分たちの問題として捉え、柳宗悦を教材にした授業が行われ、「民族主義的な日帝批判の歴史観」を克服する必要が語られた。目良の提起する「歴史のオルタナティブ＝選択肢」と「カタルシスを生み出す叙述」に触発されて、「和解の歴史学」への道を歩んでいきたいと思っている。

（＊）稲葉継雄『教育学研究』第67号第3号，佐藤広美『日本教育政策学会年報』第9号，

佐野通夫『朝鮮史研究会会報』第142号，廣川淑子『植民地教育史研究年報』4号，古川宣子『日本教育史研究』第20号，山田寛人『アジア社会文化研究』第2号

書評

西尾達雄著
『日本植民地下朝鮮における学校体育政策』

井上　薫*

〈全体的な特徴〉

　本書は、日本植民地統治下の朝鮮における「学校体育政策」にかかわる史料収集・分析による総合的な研究書である。学校体育政策でありながらも、朝鮮総督府の支配政策を意識した時代状況の分析・考察を行ったため、単なる学校体育を大幅に越えて得るものは多い。朝鮮における近代体育概念の成立から、植民地におけるスポーツ政策、肉体的な鍛練と精神の「同化」との結合、さらに、在朝鮮日本人教育史に踏み込んで本国との取扱いの違いとその背景の考察に言及している。また、「教練」が重要な柱である関係上、朝鮮人への教練導入にかかわって起こった問題を取り上げており、問題の分析は、朝鮮人に対する軍事教育史また志願兵制度成立前史としても重要な意味がある。

〈構成と課題〉

　本書は4部12章と前後の序章、終章から構成され、第一部では開化期、第二部では1910年代の武断政治期、第三部で「文化政治」期から準戦時体制期まで、第四部で戦時体制期を扱っている。主に朝鮮教育令の大改正によって区分され、開化期で「朝鮮近代体育の成立と展開」としたほかは、それぞれ「植民地学校体育政策」の成立、展開、解体と位置付けている。また、序章で植民地体育政策研究の意義と課題を提示し、体育政策概念を検討、終章では

---
*　釧路短期大学

総括と課題の整理がある。本文608頁の他、100頁強の資料が巻末にある。

本書は「日本人からみた朝鮮近代体育の意義」という研究課題を、政策の理念─制度化─実施の側面から分析するが、「とりわけ日本の朝鮮侵略、植民地政策が朝鮮近代に与えた影響、問題点」を明確にするという問題関心から、「支配政策として何を行ったのか」という理念分析を重視している。

以下では、取り上げられている問題の中から、特徴的な部分を紹介したい。

第1章では、「近代体育の成立」に関する検討を行った。開化期には、国民教育の重要性が認識されていたが体育・体操概念はまだ見られない。近代的な身体の私事性も不明確であったが、衛生を基礎とした近代的身体観が認められる。定説では、近代学校のはじまりを元山学舎とするが、元山学舎ではまだ旧式な武芸のみで、近代的体育の観点からは近代学校のはじまりとは認めにくい。一方で、体育が1896年のアンダーウッド学堂を嚆矢とするキリスト教私立学校で行われた、等を論じている。

近代体育思想は、独立協会が『独立新聞』を通して展開させたが、協会への弾圧や新聞の廃刊のため十分に拡がったとは言えず、後に日本の侵略の抵抗勢力の一つとして拡大した愛国啓蒙運動によって拡大していった。愛国啓蒙運動を展開した私立学校や学会では、旧軍人を体操教師として兵式体操を行い、また連合運動会を開催するなど、「体育」が民族運動を喚起する役割を果たした。

「学校制度の成立と展開」を論じた第2章では、とりわけ「体操」における兵式体操の取扱いに注目したい。甲午改革の中の1895年に日本をモデルとして始まった体操は「普通体操と兵式体操」と規定された。本格的な日本の教育支配は各種諸学校令による1906年からであるが、普通学校では、当時の日本とは異なり兵式体操を配当しない一方、師範学校や高等学校では普通体操と兵式体操を配当した。この違いを著者は、普通学校の普及のため兵隊にとられるといった日本への不信感を減らさねばならなかった地域社会環境と、師範学校や高等学校における日本人教員の構成割合の多さや親日的な人材養成を目的とした学校の性格の違いから説明する。

また、前述のように、私立学校や学会では、旧軍人を体操教師として兵式体操を行っていたが、当局は1909年7月、「普通体操と兵式体操」に代え「学校体操」を導入した。この背景を、同時代の教授書や報告書、解説書などの記述から考察し、これ以降においても同様な検討方法をとっている。章をまたぐが、併合後の1915年3月、私立学校規則改正による教員資格制限規定で体操教員

の条件に日本語能力を課したが、これにより旧朝鮮軍出身の体操教員が排除された。

　第二部で、著者は「学校体操教授要目」の朝鮮人、在朝鮮日本人および本国との制度的差異の中に植民地的構造を読み解いている。タイトル「植民地学校体育政策の成立」とした所以である。

　朝鮮では1914年6月に、学校体操教授要目（『体操要目』）が制定された。これにより日本国内で前年1月に出た体操要目の形式内容と同じく、「体操、遊戯」とともに「教練」教材が登場した。著者は兵式体操廃止とどう整合するのかという疑問から日本人と朝鮮人の諸学校規則の体育目標と教材配当内容を比較検討し、詳細な相違を明らかにした。羅絢成、李學來の先行研究批判を含め、これらを学校の普及状態、就学年齢の違い、経済的困難さ、教材としての教育価値が政策にそぐわなかった可能性からの説明を試みた。総じて、この期の朝鮮人に対しては体育軽視を方針とし、教材配当の相違は、「朝鮮人を強健な身体にするような体育教材は配当せず、儒教的な伝統的風習を維持尊重しながら、帝国臣民として普通の健康と従順な精神を持った人間を育成する」という「植民地的学校体育の定着」を企図するものであったと結論付ける（第3章）。

　また、在朝鮮日本人学校の特徴をも考察した。本国諸学校の体育教科との相違は在朝鮮日本人教育の特殊性であり、この特殊性は「支配民族としての体力と気力を涵養する」ことにあったとする。例えば、撃剣・柔術の相違では、教練教材の配当が本国より低学年に、しかも少し課題の高いものが配当されたことなどを指摘する（第4章）。

　『体操要目』公布の後も体育に関する認識が弱かったので、総督府は改善策を試みる。総督府は「健康を維持するのに適度な体操」として櫻井恒次郎の「紳士体操」を紹介するが、この櫻井体操理論に対しては、それまでの『体操要目』の批判、要目の徹底、新たな体育理論を進めるべき、と日本人教師内でも対応が分かれた。このように必ずしも総督府の意図だけでは政策が展開しない状況も論じた（第5章）。

　第三部「植民地学校体育政策の展開」では、「展開」の転機として第二次朝鮮教育令下における体操の必修化を取り上げた。この時期には、三・一独立運動を契機に出された体育・スポーツ要求があり、また植民地経済政策による朝鮮人農民の窮民化が児童の身体状況に与えた悪影響から、総督府が身体的・体育的課題の把握のため、学校衛生施策に改善を施し始めた時期でもある。日本

人の体育団体である朝鮮体育協会が成立し（1919年2月）、行政とこの体育協会が、1923年頃より内鮮融和を意図しての体育奨励を進める。多くの朝鮮人は、極めて劣悪な栄養状態と身体的精神的不自由の中でスポーツ活動を行っており、その状況を乗り越えスポーツ活動を発展させることが民族の誇りになると考え、実践していった時期であった。

体操の必修化は、まず1919年12月に男女の高等普通学校で、続いて翌年2月に普通学校で行われた。著者は、1922年の体操科目標と教材配当を検討し、規程は朝鮮人と日本人の両者に適用されたが、教材配当を区別したことを明らかにし、さらに、高田邦彦や櫻井恒次郎の言説の検討から傍証し、体操科目標は「表面的には同様の表現をとりながら、解釈によって違いを示す差別的支配観を示したもの」であり、まさに「文化政治」の本質を示すものだと論じた（第6章）。

本国日本では、1925年4月に「陸軍現役将校配属令」が公布され、これとの関連で軍事教練が問題化していた。この教練の朝鮮導入過程と本国との関連を丹念に追った研究は他に類例がなく、第7章「朝鮮における学校軍事教練の実施過程」は大変意義がある。朝鮮への教練導入は在朝鮮日本人から始まるが、これが段階的に朝鮮人へ拡大していったことや導入以前の「教練用銃使用の件」通牒問題をめぐる朝鮮人への兵役導入是非の議論への言及は、志願兵、徴兵制度研究とも深い関連がある。この通牒問題とは、まだ本国でも学校教練実施案策定過程であった1923年7月、『東亜日報』などが「朝鮮学生に兵式教授実施 軍用銃百五十ずつ与える」と報道したことに始まる事件であった。

兵役制度、志願兵制度の朝鮮人への適用を、全部の高等普通学校と各種実業学校への軍事教練実施後と想定していた、という指摘も重要である。学校教練は1936年1月、私立高等普通学校への適用で全面実施となったが、1935年頃から朝鮮人志願兵制度確立の前提として学校教練の全面実施問題が登場したことを明らかにした。

第四部「植民地学校体育政策の解体」では、体育が次第に戦時動員に役立つ身体とのかかわりで注目されるが、最終的には体育が実施されなくなる段階でもあったことを論じる。

日中戦争開始に伴い戦争動員体制が整えられる。国民総動員体制に応える身体と精神を持った国民の育成、忍苦鍛錬された身体と皇国臣民たる気魄を体得した国民の育成のため、朝鮮総督府は1937年10月、皇国臣民体操を制定した。

1938年、陸軍特別志願兵制度と第三次朝鮮教育令を制定。また、体操科教授要旨と学校体操教授要目を改正し、前要目で加設科目であった柔道及び剣道、皇国臣民体操を必修化した。皇国臣民体育教材の重点には、「自己犠牲的な忍苦鍛錬」が入り、鍛錬主義的目標への変化が明確であった（第9章）。1939年には、国民精神総動員運動が本格化する中で、さらに「戦時における戦闘力」「困苦欠乏に堪ゆる耐久力」養成が目的とされた。「戦時における戦闘力」、戦争に直接役立つ人材養成の契機が、1939年3月に開催した朝鮮体育協会主催の「国防と体育に関する座談会」であったことも明らかにした。

　1941年3月、国民学校という同一制度下でも「支配民族優先の思想は一貫」しており、「支配民族としての日本人の将来は憂慮する」が「朝鮮人の将来は人的資源として役立つ限りは関心を持つが、そうでなければ全く顧みられなかった」ことを、国民学校令の目的などから論じた（第10章）。

　第11章「青年の体力管理と錬成」では、朝鮮人を人的資源として体力管理し、動員していく展開を明らかにした。

　1938年、本国日本で厚生省が設立した後、体力管理政策は1940年の閣議決定で人口政策に拡大され、さらに1941年の人口政策確立要綱の閣議決定によって、「兵力及び労力の必要の確保」と「適正な配置」を実施することになった。当初は適用されていなかった朝鮮人も労務動員計画に盛り込まれ、朝鮮人青年の体力管理政策が必要となり、朝鮮人の体も生命も奪うことになる。

　「国民体力法」の朝鮮施行による「体力管理」は、「人的資源であり戦力としての体位向上」をねらいとしたが、結局、朝鮮人への体力検査は遅れて1942年3月に朝鮮全土の満18、19歳を対象に行われた。実態は「医学的な検査といいながら、（中略）疾病に関してよりも就学状況や日本語能力に重点が置かれ」たものであった。

　一方で青年訓練所の普及を行い、朝鮮人青年に対する「一朝有事の際に於ける準備訓練を施す」機関と位置付けた。徴兵制度導入決定後の1942年10月、未就学朝鮮人青年を対象とした青年特別錬成令を出して、さらに本格的な錬成を開始した（第11章）。

　第12章では、決戦体制期を対象に、戦時動員と学校体育の終焉について、特に「錬成」の重視、「体育」自体の消滅について論じる。あまり存在が知られていなかった通牒類を発掘し、駆使した点が意義深い。

　1942年4月、朝鮮総督府は「学校体育刷新指導方針」を決定、「国防・国家

的見地から如何なる任務をも完遂するに足る」「体力錬成向上」を求めた。それまでの「自由主義的・個人主義的傾向を捨て、一部選手養成に偏った弊害を一掃する」ものであり、これに基づき、学校体育は学校体育振興会が指導刷新し、学校での体育・スポーツは軍事訓練のための競技へと変質していった。

さらに、1943年5月15日、総督府は「朝鮮に於ける決戦下一般国民体育実施要綱」を出し、以後、すべての体育やスポーツが「徹底的に統制」を受け、「決戦体制に応ずるように鍛錬主義的軍事訓練としての戦力増強競技や集団的体操が実施」される、まさに「体育即錬成」の状況となった。「朝鮮人の身体と精神を奪」う「死ぬための錬成」は、「身体を育てはぐくむ体育」に値しないものとなったと言及する。

朝鮮人青年への徴兵制度導入閣議決定後の1942年5月23日、総督府は訓令で「現役将校の配属を受けたる学校の教練教授要目」を定めた。以前の要目に比し「国防能力の増進に資する」ことを規定し、「皇国臣民としての分に応じ必要なる軍事の基礎的能力を体得すること」を明確に出した。大学での必修化、各学校に対する「教授時数及び野外演習日数」の増加等が特徴であった。この教練強化策をより徹底したのが、1943年7月政務総監通牒「学徒戦時動員体制確立要綱」で、「中等学校第三学年以上大学までの男子学徒に戦技訓練を徹底」した。以後、有事即応体制をとり学校教練を徹底強化し、「『学園は愈々予備士官学校、軍務予備訓練所』となり、まさに兵営と化していった」と評する。

食糧増産を中心とした学生動員は、既に1941年6月の「勤労報国隊活動強化要綱」により、年間30日以内は授業を廃して生産拡充のための出動を可能としていたが、総督府は、43年3月の学務局長農林局長通牒で、学校に空き地活用と生産要員としての動員を求めた。1944年2月政府の「決戦非常措置要綱」決定により、すべての中等学校以上の学生生徒に対し、「今後一年常時これを勤労その他の非常任務に出動せしめ得る組織的態勢を置き随時活動に動員すること、学校校舎は必要に応じてこれを軍需工場化すること」を定めた。同年3月「決戦非常措置要綱に基づく学徒動員実施要綱」によって、動員、日曜の授業振当てを可能とし、女子動員、校地・運動場の耕地化の徹底が図られ、設備としても「学校で体育を行うことはできなくなった」と明らかにした。

最後に、1つだけコメントしたい。書名には「学校体育政策」という範囲を示し、理念分析が中心だと限界も明示されているが、研究方法においても、各

所で本国を含む類似の法令や教材の詳細で複眼的な比較検討がなされ、従来の政策研究で弱かった同時代史料による傍証を積極的に試み、考察の手堅さ、厚さを加え持っている。全体として「体育」を通して支配や植民地（教育）政策史を問い直す問題提起を行った労作と言える。その意味でもう少し欲張った副題があってもよいと感じた。

（明石書店、2003年、722頁、11,000円）

竹中憲一著
『大連 アカシアの学窓
―― 証言 植民地教育に抗して』

渡部宗助*

1．本書の成り立ち

　本研究会創立以来の会員で、浩瀚な『「満州」における教育の基礎的研究』（全6巻・柏書房）など多くの作品を上梓して来られた竹中憲一さんが、今度はこれまでのお仕事とは少し性格を異にするご本を世に送り出してくれた。少し「性格を異にする」と言っても、むしろ竹中さんだからこそ制作し得たご本であり、かつ植民地教育史研究の共通財産目録に必ず入れるべき文献であると思い、喜んで「書評」をお引き受けすることにした。
　本書のサブタイトルにもあるように、この本は主に「満州国」時代に日本の植民地教育を受けた中国人の証言＝体験の「記憶と記録」の書である。"「個人史」を記録する"と題する「まえがき」で、竹中さんは、

　　　自分の研究テーマである植民地教育史という領域から中国人の生活実感に即した被侵略体験を掘り起こすことによって、日中間の「歴史認識」の溝を少しでも埋めていく努力をしたいと思う。

　　　今回「個人史」をお聞きした方のうち数人は、すでに他界された。人間という記憶媒体から歴史を再構成する作業は、まさに時間との競争である。

　　　ここで話されたことは、すべて私の責任で記録し、編述したものである。間違って記述したところが多々あると思う。すべては私の責任である。

と自らの問題意識と責任の所在を述べておられる。重い歴史的課題を自らに課した心意気が爽やかである。

＊　国立教育政策研究所

竹中さんが初めて大連を訪れたのは、1992年であると言う。彼のキャリアを知る人にとっては、意外な印象を受けるのではないだろうか。実は僕もその一人である。竹中さんが北京外国語学院に数年在籍されたのは1970年代後半のことで、その頃の竹中さんのことを僕は彼の著『北京歴史散歩』でしか知らない。

　1992年から「10年の間、お話しをお聞きした方は110人余りになる。記録したテープも250時間を越えた」。本書はその中から61人分の「聞き書き」で成り立っている。10年間と言っても、竹中さんはその前半を主に「資料」収集に傾注していたようなので、「個人史」の記録はむしろその後半に精力的に行ったものと思われる。

　61人の植民地教育受体験者（内、2人は朝鮮人）を、竹中さんは主にその人たちの「学校歴」を基準に10章に分けて編述している。その構成は次の通りである。

　　Ⅰ　中等普通学校（9人）、Ⅱ　中等実業学校（11人）、Ⅲ　日本人学校（4人）、Ⅳ　女学校（9人）、Ⅴ　実業学校（5人）、Ⅵ　「満州国」の学校、私塾（6人）、Ⅶ　高等教育（6人）、Ⅷ　日本留学（5人）、Ⅸ　早稲田（3人）、Ⅹ　朝鮮・台湾 から（3人）

　四六判・358頁の本に61人分の「聞き書き」が収められている。一人につき平均6頁、約4000字当りの叙述で、分量を多く割いている人の場合でも8頁、400字原稿用紙で15枚ぐらいである。

　すべて、竹中さんが一対一の対面で会って「聞き書き」した記録である。一人びとりの叙述では、各々に「導入部」があって、インタビューした時の気候、場所とその周辺の街並み、出会いの瞬間と相手の風貌など、竹中さんの感性と史観がとらえた雰囲気が、時には微笑ましく軽やかに、時には厳しく重い筆致で描写されている。そして文末は短い「別れ」の情景で閉じられて余韻が残る。「女学校」の章があるので女性も登場しており、「日本留学」の一人を加えて計10人である。内容の上では僕たち日本人にとって辛い語りが多いのであるが、硬く冷たく読者を突刺すような文体ではなく、むしろ読み易いとさえ言える文章である。当然のことではあるが、同種の学校で、同じ時代の空気を吸い、同類の衣食住生活を体験した事例が少なくないのだから、内容上の重複は避けがたい。しかし、ある事柄・事件が複数の人びとに同じように記憶されているという事実の痛ましさに、むしろハッとさせられることが多いのである。

2．史的想像力を育む

　本書から読者は植民地教育に関わる史的想像力をふくらますことができるであろう。その点でこの本は推奨に値すると僕は信じている。
　例えば、しばしば語られる「東方遥拝」、「勤労奉仕」、「祝賀提灯行列」、「反満抗日」、「経済犯」、「満州語」、「満（州）人」、「関東州人」、「寄留者」等のキイワードをどのような状況と文脈で読み、想像力を働かすか。あるいは、竹中さんは歴史地理学的知識を駆使した記述を心掛けており、読者の「史的景観」を豊かにしてくれる。ある街並み、ある建造物の由来・来歴に必ず言及する。竹中さんの頭には幾重もの「古地図」がインプットされていると思われるが、それは中国の街を歩く時、古い地図を携帯する彼の日常性の賜物でる。例えば、「大連自然博物館は大連の歴史的変遷を一番知っている建物といえる。ロシア時代は東清鉄道事務所→ダルニー市役所、日本支配下では遼東守備軍司令部→関東都督府民政部→満鉄本社→大連ヤマトホテル→満鉄資源館とめまぐるしく変わった」（p.301）。これだけなら案内の栞に記されているかも知れないが、本書では、現存する旧い建物や街並みの記述には必ずと言っていいほど（旧○○○）という注が施されている。そこには、植民地支配の重層性に対する眼差しがある。
　挙げれば切りがないが、「当時、聖徳街は日本人街、西崗子街は中国人街、沙河口は中国人と日本人の雑居街であった」（p.335）、そしてその聖徳街には「日本人の庶民層が暮らし、……中国人の子供と日本人の子供は……一緒に遊んでいた」（p.250）とか、金州の「三十里堡はリンゴの産地として有名で、……今でも国光が栽培されている」（p.328）とか、あるいはさりげなく「営口は回族の多い都市であった」（p.246）というように、一つの地名から僕の貧弱な想像力は大いにふくらむことが少なくなかった。さらには、今後掘り起こしてみたいという未発の事実がたくさんちりばめられており、それぞれで一本の論文が書けそうで、これまた想像力と構想力を刺激するのである。
　しかし、史的想像力は空想ではない。一定の客観的事実認識の上に、今は実証されていないけれど多分こうであったろうとか、あるいは新しい事実の発見によって求められる認識（枠）の修正はこのようなものであろうとか、そうい

う意味であくまで「史的事実」との関係での飛躍・飛翔する思考であろう、と僕は思っている。その意味で、竹中さんが「聞き書き」した61人について少し補足したいと思う。

まず、61人中その出生年の判明している人が、56人である。内、1910年代が3人、1920年代が43人（内、1920年代前半（1920-1924）が20人、後半（1925-1929）が23人）、1930年代が10人である。不明の5人については、その学歴から、20年代前半が1人、後半が4人と推定される。つまり、61人中推定を含め48人・8割が1920年代生れであるということである。つまり、物ごころついた時には「満州国」が成立していたという人が大部分で、したがって日清・日露の戦争で戦場になったことや中国東北部の「教育権回収運動」などは記録か語り継がれかで知っている人びとである。

第2に61人の出生地と居住地であるが、いわゆる「関東州」（大連、旅順、金州及びそれらの近郊）生れ、あるいは他地生れでも入学校は「関東州」という人が85％に及ぶことである。日本人も多く居住した都市部で学校生活を送った人達が大部分である。それは、中等以上の学校が農村部になかったことの必然的結果であり、そして「満州国」成立後といっても実質は「関東州」で生活した人びとであった。

第3に、61人の学歴を見てみよう。Ⅰ　中等普通学校の10人は全員が旅順高等公学校中学部の卒業生、Ⅱ　中等実業学校では、11人中、大連商業学堂卒が6人、大連協和実業学校卒が5人、Ⅲ　日本人学校では、大連商業学校卒が1人で、他の3人はそれぞれ大連一中～三中を卒業、Ⅳ　女学校の9人は、大連高等女学校3人、旅順高等女学校2人、旅順高等公学校女子師範部2人、昭和高等女学校1人、大同女子技芸学校1人である。Ⅴ　実業学校の5人が多少多様化している。満鉄鉄道従業員養成所が2人、満州電電技術養成所が1人、南満州工業学校技工養成所が1人、中華青年会付属大連商業講習所が1人、いずれも公学堂高等科（6年制）卒が入学資格である。Ⅵ　「満州国」の学校、私塾の6人中、4人は大連の公学堂（高等科）卒業で、2人が「満州国」の国民高等学校（中等学校）を卒業している。Ⅶ　高等教育の6人は1945年以後の卒業を含めて全員大学卒であり、ⅧとⅨの日本留学生8人は、中等商業学校卒が1人、女子医学専門学校卒が1人、一高・特設高等科卒が3人、早稲田が3人で、内7人までが大連又は旅順で中等段階の学校を卒業している。Ⅹの3人は、大連二中卒、南満州工業専門学校卒、不詳の人が各1人である。

この学歴水準を1930〜1940年代の「満州国」、関東州においてどう見るか、という大きな問題がある。当時中国人が就学する初等教育機関として4年制の普通学堂、6年制の公学堂が設置されていたが（義務制ではない）、その入学率は約30％〜40％と推定されている。入学率というのは学齢児童数の中で初等学校に入学した児童数であって、学年進行で逓減するのが普通であった。本書でも紹介されているが入学時に4クラスあれば、4年修了・卒業時には1クラスというのが珍しくなかった。6年制公学堂卒業者が同一年齢層の1割として、さらにその1割が中等レベルの高等公学校等に進学したとすれば同一年齢層の1％である。この推定値は低く見過ぎているかも知れないが、竹中さんがインタビューした人びとというのは、同一年齢層の約1％に属する人びとであったということになる。

以上のように、61人の時間的、空間的、文化的環境を、当時の中国東北部の生活世界と教育社会においてみると、果して「植民地教育」のどの部分を捉えたことになるだろうか。学校教育社会の、しかもエリートが体験した「日本による植民地学校教育」であることは間違いないが、それを位置づけるために、僕たちは再び、史的構想力を鍛え直さなければならないことになるのではなかろうか。これが本書から浮かびあがった疑問であり、課題であると思う。このことは竹中さんが「時間との競争」の中でインタビューして得られた61人の「証言」、それ自身の「史料以上の史料というべき」極めて貴重な価値をいささかも貶めるものではない。

3．オーラル・ヒストリーの魅惑

本書はこれまでの竹中さんのお仕事とは「性格を異にする」と最初に述べたのは、この書が「オーラル・ヒストリー」の手法によって植民地教育史像を描写した、あるいは立体的に彫琢した作品だからである。「口述伝承」による歴史研究は、柳田民俗学が切り拓いたことで知られるが、それを植民地教育史研究に大胆にとり込み、その手法で一つの作品を作った。同時に「オーラル・ヒストリー」の書としては、本書はとても欲張っていると思う。オーラル・ヒストリーの手法としての「聴き取り」(interview)は、「一つのテーマに集中するか」、あるいは「完全なライフ・ストーリーを聞くか」が、基本的問題だと

言われている。また、その方法も「客観的・対比的」アプローチと「自由な対話」アプローチに一応二分される（P．トンプソン『記憶から歴史へ——オーラル・ヒストリーの世界』p.391～）。竹中さんのこの本は、スタンスとしてそのいずれをも目論んで、しかもそれを記述したからである。

　「植民地教育体験」という集中したテーマで、しかも「大河小説」にも相当する重い人生の「個人史」の「聞き書き」を目指したのであり、そのアプローチにも「客観的」にして、しかも「形式にこだわらない自由な対話」の両方を取り入れている。それが成果を挙げたのは何故であろうか？

　一つには、「聴き取り」前の文献・資料の渉猟に依る「満州」における植民地教育に関する豊富な知識である。「話し手」の記憶はしばしば「曖昧」であったり、記憶「違い」であることは僕たちが日常的にも経験することであって、不可避なことである。それを研究としてクリアーするためには、事前の調査による豊富な知識が要求される。竹中さんの事前の調査結果は、本書における「話し手」の口述に対する注記によく表れている。例えば、学校名とその変遷、教師名とその担当教科名、あるいは使用教科書名など。大部分に、正確な名称が注記されている。それが「客観性」を担保しているのであるが、さらに史的景観の知識が「自由な対話」を引き出す糸口にもなっているのである。

　成果を挙げた第2には、竹中さんの中国語の語学力であると僕は思う。「話し手」の中には意識的に「日本語は話したくない」という人もいるし、「長い間、日本語を話していない」という人もいた。より即事的には、アポイントを取るのにもまずは中国語に堪能でなければ始まらない。すべてを通訳を介することなくできるというのは、凄い武器である。相手との待ち合わせ場所にも、遅れることなく出かけられるのである。実際、話を聴いた場所も、ホテルだけでなく極めて多様である。相手の自宅であったり、仕事場・店であったり、公園のベンチであったり、公共施設であったり。そして、好天もあれば、雨嵐もあった。恐らく全て相手の都合に合わせた結果であろう。

　1997年夏、北京郊外で開催された植民地教育史国際シンポジウムの公式日程を終えて、北京への帰途こんなことがあった。僕たちは予定を変更して、「焦庄戸」抗日戦地下道遺跡を見学することにした。途中、道に迷ってマイクロバスの運転手（中国人）もお手上げの状態になった時、道端で日向ぼっこをしていた（ように僕には見えた）好々爺のところに、竹中さんが幾らか肩を丸めて腰を低くしてスタスタと近づいて行った。そして何やら世間話をしている

風の愉しそうな雰囲気で話しこんでいたが、やがて彼が戻ってから、バスは極めて順調に目的地に到着した。あの時、道順を聞くためだけなら、実際の10分の1の時間も必要なかった、と僕は端から見て感じていた。僕は、本書を読み始めた時、あのシーンを想い起こしたのである。

そして、このことは、この本が成果を挙げた第3の理由に繋がる。先のP.トンプソンが、「優秀なインタビューアーがもつべき基本的特性」として、次のように言っている。「個人として人々に関心と尊敬の念をもつこと、相手に反応する際の柔軟性、相手の視点に対して理解と共感を示す能力、そして何よりも、静かに座って聞くことを厭わないことである」と。僕は、竹中さんにはこの上質の「特性」が備わっており、それがこの作品の制作でいかんなく発揮された、と思っている。

さて最後に、「植民地教育史研究」における「オーラル・ヒストリー」について若干私見を述べることにしたい。

まず、竹中さんの記述に関わって言うならば、「聴き取り」の年・月・日（できれば時間も）を明記して欲しいということがある。特に、本書の場合は10年近い期間で実施された「聴き取り」なので、その間に国際的な政治、経済、社会の変化・動向があり、「植民地支配」についての感情や認識は、微妙にその影響を受けると思われるので、「聴き取り」期日の記録は不可欠の要件である、と僕は思う。もう一つは、「聴き取り」対象者選定のプロセスについての情報を記述することである。竹中さんの場合は多様であったように思われるが、それでも卒業した学校の同窓会関係のネットワークが多かったのではないだろうか。これは、オーラル・ヒストリーの「客観的・対比的」アプローチに開かれることへの期待でもある。本書に推薦文を寄せた斉紅深さん（遼寧省教育史志編纂委員会主任）が、「［61人中］55人の人々はほとんどが私の知り合いであり、私も取材したことのある人々である」と述べている。このことは、斉さんを通したネットワークがかなりの比重を占めていたことを窺わせるのである。

なお、本書の記述には他にも、多少注文がある。単純な誤記、誤植について言えば、教育制度の用語上のミスが散見される（p.19；p.25；p.140；p.220；p.358）。それから、「東方遥拝」（p.38他）と「宮城遥拝」（p.99）と「四方遥拝」（p.124）、「関東神宮」（p.62）と「関東神社」（p.198）については丁寧なコメントが欲しいし、注記は再出の箇所でなく、初出の箇所でお願いしたいと思う

（p.114 ; p.175 ; p.192）。

　第2に、多少一般的になるが、「聴き取り」の「量と質」、テーマ性とトータル性の問題である。「量」という点では、事前にアンケート質問紙をある範囲内で悉皆的に配布して回答を得て、その上で「聴き取り」を行う。それはその「回答（者）」に対する確認から、より個別的で、より詳細なものになるだろう。そこから、特定の人の「ライフ・ヒストリー」的なトータル性に発展することも期待できよう。最近『戦時体制下の農業教育と中国人留学生』（農林統計協会）が刊行された。この場合は、戦時中の「東京高等農林学校」（現・東京農工大）に学んだ中国人留学生に対象を限定し、当時の日本人学生への事前調査と留学生に対する「質問紙」の事前配布を行った上で、2人一組で中国で「聴き取り」を行った。そして、録音テープを起こして文章化し、「話し手」の完全校閲を経て実名で公表した報告書である。つまり「聴き手」の問題関心や課題意識は「質問紙」には表現されるが、報告書は「話し手」が主人公で、その「語り口」などのニュアンスは「話し手」に委ねられている。「聴き手」は「黒子」に近い存在で、「話し手」はかなり自由に話題を展開している。一つの例ではあるが、「量と質」、「テーマ性」という点で示唆される点が多いように思う。

　第3に、上のことは「聴き取り」の方法と叙述に関わっている。方法は目的によって規定されると言える。政治学ではオーラル・ヒストリーを「公人の、専門家による、万人のための口述記録」と一応定義している（御厨貴『オーラル・ヒストリー』）。「公人」とは、政策決定に大きく関わった政治家、官僚等であり、「現代史」を想定している。したがって、「話し手」1人に対して、「聴き手」は専門を異にする3人が望ましいとし、1回・2時間、10回ぐらいのヒアリングを行うという。このような方法は「植民地教育史研究」においては、今日的には極めて困難であろう。

　叙述は、竹中さんの場合には完全に本人の「文責」であったが、公表に際しての「話し手」の了承を得たのかは不明である。近年、精力的に日本統治期の台湾における「医師養成、進学、ライフ・ヒストリー」の「聞き書」を行っている所澤潤さんの場合は、歴史研究として発展させるべく色々の手順と配慮を踏んでいるが、その叙述は「一問一答」方式で再現している。「聴き取り」も同一人に1回限りでなく、数回行っている場合が多い（「外地の進学体験」として主に『群馬大学教育学部紀要』に発表）。別形態の論文（著書）として再

構成する予定なのかも知れない。

　植民地教育史研究における「聞き書」の方法と叙述については今でも蓄積がある（新井淑子、磯田一雄、岡山陽子、北村嘉恵、弘谷多喜夫、前田均、宮脇弘幸会員など）。本書・竹中さんの例、上に紹介した「東京農工大」の例、所澤さんの例などが最近の「典型」と僕は思う。実績を持つ経験者、今「真っ只中」という実践者、これから「オーラル・ヒストリー」をという志願者など、一堂に会して議論したい課題であり、テーマだと思う。研究大会が楽しみである。

（明石書店、2003年3月、358頁、4,300円）

158　研究会のあゆみ

植民地教育史研究

第13号　　　2003年2月25日

発行　日本植民地教育史研究会 事務局　東京家政学院大学家政学部佐藤広美研究室
　　　　　　　194-0292　東京都町田市相原町2600
　　　　　　　TEL 0427-82-0985（研究室）　FAX 0427-82-9880（大学）
　　　　　　　郵便振替　00130-9-363885　e-mail　hsato@kasei-gakuin.ac.jp

日本植民地教育史研究会　2003年春の研究集会のお知らせ

＜日程＞
2003年3月29日（土）
　1：30～5：00　公開国際シンポジウム「小沢有作の植民地教育論を検討する」
　5：00～6：00　総会
　7：00～9：00　懇親会（於：オークラホテル丸亀　会費：5000円）
3月30日（日）
　9：00～12：00　研究発表
　　宮脇弘幸さん「統合支配と言語罰」
　　弘谷多喜夫さん「日本統治下の台湾における学校と教師－主として明治期について、　熊本県出身者のことにもふれながら－」
　　佐藤広美さん「『新しい歴史教科書教師用指導書』の検討」
　　李政樹さん「植民地期朝鮮における日本語教育体験者に対する聞き取り調査」
　　Andrew Hallさん「満州国の教科書の分析：新教育運動対絶対主義」

＜会場＞四国学院大学（http://www.sg-u.ac.jp/）
　土讃線善通寺駅から徒歩8分、高松空港からタクシー40分
高松空港ご利用の方は、東讃交通のシャトル便のご利用をおすすめします。丸亀市内まで1500円、善通寺市内までは1800円です。高松空港から高松駅まで空港連絡特急バス（740円）、高松駅から予讃線、土讃線の利用も考えられますが、費用的にはほとんど変わらず、時間的にははるかに合理的です。
ただし、事前の予約（3日前までに）が必要ですので（空港から予約なしで普通のタクシーに乗ると善通寺までは7000円かかります）、飛行機便の確定と同時に行き帰りともご予約ください
　（東讃交通0120-135-024、
　　フリーダイヤルがかからない場合　0877-22-1112　FAX 0877-25-2425）。

＜宿舎＞オークラホテル丸亀（http://www.okurahotel.co.jp/　0877-23-2222）
　1泊5500円（税込み）。朝食1365円（同）。
　懇親会も同ホテルで行ないます。合宿形式で夜まで楽しく歓談したいと思いますので、多くの方のご宿泊を希望しております。

＜参加予定票返送のお願い＞
集会参加自体は当日参加でもかまいませんが、宿泊、懇親会の人数把握のため、下記の参加予定票を四国学院大学教育学科あてに、メール、ファックス、郵便でご返送いただきたく存じます（メールアドレスの分かっている方には、別途メールでご案内を差し上げておりますので、そのメールにご返信ください）。特に、上記宿泊料金は大会事務局（四国学院大学）を経由した場合の料金設定となっておりますので、ご宿泊いただける方は下記にて３月中旬までにお申し込みください。ご連絡いただいた方には折り返し、着信のご連絡を差し上げます。

＜公開国際シンポジウム＞
「小沢有作の植民地教育論を検討する」

小沢有作さんは、若い日の著作『民族教育論』（明治図書、１９６７年）の中で、４つの課題を自らに提起しています。
第一は、帝国主義の時代における民族と教育の問題を理論的に整理する課題。
第二は、被抑圧民族にたいする教育支配と抑圧民族における教育統制とのあいだには、有機的な関係がたもたれていることを明らかにすること。
第三は、被抑圧民族における主要な教育矛盾である侵略の教育と独立の教育のたたかいの歴史と態様を調べてみること。
第四は、民族問題のコロラリーとしての人種問題と教育の関連をみてみることです。
その後、１９９６年の小沢ゼミ「植民地教育記述にかんする東アジア教育史書の比較研究」（『人文学報』第２７０号）のまとめでも、「この間（１８９５年４月から１９４５年８月－佐野）、日本の教育は、『本国の教育』と『植民地の教育』という２種類の教育で構成されていたことになる。（中略）
日本帝国の教育は、対象を本国教育のみに限るならば、その全体を知ったことにならない。植民地教育の実態を知り、重ねて見て、はじめて全体を知ることができる。全体を知ったことになる」と記して、「本国の教育」との関係で「植民地の教育」を考えること、あるいは「本国の教育」を考える上で「植民地の教育」を落としてはならないことを主張しています。
その後、小沢さんは、在日朝鮮人運動、大学闘争、部落解放運動、障害者運動、識字運動の中で発言し、行動してきました。このことは、小沢さんの植民地教育論とどのようなつながりを持っているのでしょうか。小沢さん自身は「別の領域に足を踏み入れ」た「廻り道」という表現も使っています（「アジアから信を得るために」『植民地教育史研究』創刊号、１９９７年）。植民地への関心も日本の植民地だけでなく、アジア・アフリカに広がり、ＡＡＬＡ教育研究会を組織し、自らタンザニアに滞在もしました。１９７５年にはＡＡＬＡ教育研究会から出版した「Ａ．Ａ．ＬＡ教育・文化叢書」の第１冊を『民族解放の教育学』と名付け、小沢さん自身は「民族解放闘争と教育」「ＡＡＬＡに復帰する教育のために」を執筆しています。

小沢さんの植民地教育論を検討するために本シンポジウムでは３人の方に、ご報告をお願いします。
お一人は**柿沼秀雄**さんです。「同座を軸とした共同研究（人間（ひと）から学ぶ）」を主張されていた小沢さんと物理的に近い位置にいて、小沢さんの研究活動を見つめてきた立場とともに、小沢さんのアフリカへの関心を語っていただければと思います。
お一人は**井上薫**さんです。物理的には小沢さんから遠い場所で、実証的な研究で朝鮮植民地の姿を明らかにされてきました。小沢さんは植民地教育の位置と意味に「日本帝国の教育構造の移植」という捉え方（前期小沢ゼミ報告）もしていますが、井上さんの実証的な研究から、教育総体、教育政策全体の枠組みを主な関心とされた小沢さんの植民地教育の捉え方を検証していただければと思います。
もうお一人は、韓国からお招きする**李忠浩**さんです。李さんは小沢さんの『在日朝鮮人教育論　歴史

編』を『在日朝鮮人　教育の歴史』として韓国で翻訳出版されました（１９９９年）。１９８０年代の韓国では、本書は国立国会図書館に所蔵されていても、一般人閲覧不可の書物でした。それが翻訳可能になった韓国社会の変化、そしてその韓国社会で小沢植民地教育論はどのようにとらえられているのか、何故本書を翻訳出版したのかについてお話しいただければと思っています。

　本来なら国際シンポジウムとして朝鮮民主主義人民共和国や在日朝鮮人の研究者からも報告者を求めるべきだと思いますが、主催者の力量の不足からかないませんでした。今後の研究活動の発展の中で、今回のシンポジウムの不足を補うことができればと願っています。

（佐　野　通　夫）

以下の参加予定票を
　　メール：ped@sg-u.ac.jp
　　ＦＡＸ：０８７７－６２－３９３２
　　郵送：７６５－８５０５　香川県善通寺市文京町３－２－１　四国学院大学教育学科
　　電話：０８７７－６２－２１１１　内線　３０４
　　へご返送ください。

＊＊＊＊＊＊＊＊＊＊＊＊＊＊＊＊＊＊＊＊＊＊＊＊＊＊＊＊＊＊＊＊＊

日本植民地教育史研究会　２００３年春の研究集会参加予定票

お名前：
ご連絡先：

２００３年春の研究集会に　（　）参加する　（　）参加しない
　　　　懇親会に　　　（　）参加する　（　）参加しない

宿泊：オークラホテルの予約を事務局に（　）依頼する・（　）依頼しない
　　　宿泊予定　３月２８日（金）（　）２９日朝食が必要（　）不必要（　）
　　　　　　　　３月２９日（土）（　）３０日朝食が必要（　）不必要（　）
　　　　　　　上記以外の日（具体的に　　　　　　　　　　　　　　　　　）

ご利用予定交通機関：航空機　往（　）日（　）便・復（　）日（　）便
　　　　　　　　　　鉄道　　往（　）日（　）着・復（　）日（　）発
　　　　　　　　　　その他（具体的に　　　　　　　　　　　　　　　　　）

　次期の総会にて、私たちの研究会の「会則」を決定したいと考えております。よろしくご検討ください。賛成、反対、修正意見など、ご意見は、事務局までお寄せください。
　再度、運営委員会で話し合い、最終案を総会当日に提出いたします。

<h1>日本植民地教育史研究会会則（案）</h1>

第1章　総則
第1条　本会は、日本植民地教育史研究会と称する。
第2条　本会は、日本および欧米諸国がアジアなど世界各地で行った植民地教育支配に関する調査と研究を行うことを目的とする。とくに、アジアとの交流を深め、アジアから信を得る研究をすすめる。
第3条　本会はつぎの事業を行う。
　（1）研究集会（年1回）、および研究会の開催
　（2）『植民地教育史研究年報』の発行
　（3）通信の発行
　（4）その他の必要な事業

第2章　会員
第4条　本会の目的に賛同し、入会を希望するものは、会員2名の推薦により本会に申し込み、運営委員会の承認を得なければならない。
第5条　会員は、本会の行う研究会や事業に参加し、『年報』に投稿することができる。
第6条　会員は、所定の会費を払うものとする。
第7条　会員が本会の目的にふさわしくない行為をしたときには運営委員会の判断によって会員資格を失うことがある。

第3章　組織
第8条　本会運営のため、次の役員を置く。
　（1）代表　1名
　（2）運営委員　若干名
　（3）事務局長　1名
　（4）事務局員　若干名
　（5）『年報』編集委員　若干名
第9条　役員は、総会によって選出される。
第10条　役員の任期は3年とする。『年報』編集委員の任期は2年とする。ただし、再任は妨げない。
第11条　総会を毎年開き、会計及び一般報告を行い、必要事項を協議する。

第4章　会計
第12条　本会の経費は、会費その他の収入をもって当てる。
第13条　会員は、会費として年4千円を納める。会費を納めたものには、『植民地教育史研究年報』が送付される。
付則　本規約は、2003年　月　日より施行する。

運営委員会体制（2003年1月現在）
代表：宮脇弘幸、
運営委員：井上薫、佐野通夫、竹中憲一、田中寛、弘谷多喜夫、渡部宗助、
研究部：竹中憲一、三ツ井崇、
事務局長：佐藤広美、
事務局員：岡山陽子、佐野通夫、三ツ井崇、
編集委員：井上薫、岡山陽子、佐藤広美、田中寛、
事務局連絡先：
　194-0292　町田市相原町2600　東京家政学院大学家政学部佐藤広美研究室
　℡　042-782-0985　e-mail　hsato@kasei-gakuin.ac.jp
　郵便振込　00130-9-363885

個別論文
7)「満洲国」の蒙古族留学政策の展開―于逢春
8)「東亜新秩序建設」と「日本語の大陸進出」―宣撫工作としての日本語教育―田中寛
9) 植民地朝鮮におけるラジオ「国語講座」―1945年までを通時的に―上田崇仁
10) 朝鮮における徴兵令実施と朝鮮人青年教育―樋口雄一
11) 植民地解放後分断国家教育体制の形成、1945～1948：国立ソウル大学校と金日成綜合大学の登場を中心に―金基ソク（許哲訳）Ho Chol

旅の記録
12) 開発・文化・学校―2001年タンザニアの旅から―柿沼秀雄
13)「南洋皇民」の公学校教育，そして今―宮脇弘幸
14) 植民地教育に対するパラオ人の見解―パラオを訪ねて―岡山陽子
15) サハリン，奉安殿，探訪記―佐野通夫

方法論の広場（研究動向）
16) 日本植民地下朝鮮における体育・スポーツの歴史研究―西尾達雄
17) 植民地研究と「言語問題」に関する備忘録―三ツ井崇
18) 英語公用語論―植民地に対する「国語」教育イデオロギーと戦時下外国語教育との関連から―下司睦子

書評
19) 小森陽一『ポストコロニアル』―弘谷多喜夫
20) 稲葉継雄『旧韓国～朝鮮の日本人教員』―山田寛人

図書紹介
21) 槻木瑞生代表科研費報告書
『「大東亜戦争」期における日本植民地・占領地教育の総合的研究』―佐藤由美
22) 宮脇弘幸編『日本語教科書―日本の英領マラヤ・シンガポール占領期（1941-45）』―樫村あい子

研究会のあゆみ
「植民地教育史研究」第11号，第12号
編集後記（井上薫・佐藤広美）
著者紹介

【編集後記】

『植民地教育史研究年報』第5号の発行が大変遅れております。原稿の遅れ、編集委員会の不手際、出版社の担当者の交替など、諸事情が重なったことが原因です。申し訳ございません。『年報』発行については、刊行時期や編集体制を含めて改革方針を、総会に提案したいと思っております。

3月末の研究集会（四国学院大学）への参加については、お手数ですが、同封の参加用紙に必要な事項を記入していただき、郵送（FAXなど）してください。メールでももちろんかまいません。宛先は、四国学院大学の佐野通夫さん、です。四国の地でお会いいたしましょう。

9・11テロからアフガン報復戦争、さらにイラク査察と米英によるイラク攻撃（戦争）の危機。国内では、北朝鮮の拉致問題や朝鮮学校生徒への嫌がらせ、小泉首相の靖国参拝強行、愛媛県における新設中高一貫校での『新しい歴史教科書』の採用決定、などなど。こうした現状に対し、植民地教育史研究はどのようなコメントを行えるのだろうか。しっかり考えていきたいものと思います。（広）

個別論文
7)「満洲国」の蒙古族留学政策の展開―于逢春
8)「東亜新秩序建設」と「日本語の大陸進出」―宣撫工作としての日本語教育―田中寛
9) 植民地朝鮮におけるラジオ「国語講座」―1945年までを通時的に―上田崇仁
10) 朝鮮における徴兵令実施と朝鮮人青年教育―樋口雄一
11) 植民地解放後分断国家教育体制の形成、1945～1948：国立ソウル大学校と金日成綜合大学の登場を中心に―金基ソク（許哲訳）Ho Chol

旅の記録
12) 開発・文化・学校―2001年タンザニアの旅から―柿沼秀雄
13)「南洋皇民」の公学校教育，そして今―宮脇弘幸
14) 植民地教育に対するパラオ人の見解―パラオを訪ねて―岡山陽子
15) サハリン，奉安殿，探訪記―佐野通夫

方法論の広場（研究動向）
16) 日本植民地下朝鮮における体育・スポーツの歴史研究―西尾達雄
17) 植民地研究と「言語問題」に関する備忘録―三ツ井崇
18) 英語公用語論―植民地に対する「国語」教育イデオロギーと戦時下外国語教育との関連から―下司睦子

書評
19) 小森陽一『ポストコロニアル』―弘谷多喜夫
20) 稲葉継雄『旧韓国～朝鮮の日本人教員』―山田寛人

図書紹介
21) 槻木瑞生代表科研費報告書
　　『「大東亜戦争」期における日本植民地・占領地教育の総合的研究』―佐藤由美
22) 宮脇弘幸編『日本語教科書―日本の英領マラヤ・シンガポール占領期（1941-45）』―樫村あい子

研究会のあゆみ
「植民地教育史研究」第11号，第12号
編集後記（井上薫・佐藤広美）
著者紹介

【編集後記】
　『植民地教育史研究年報』第5号の発行が大変遅れております。原稿の遅れ、編集委員会の不手際、出版社の担当者の交替など、諸事情が重なったことが原因です。申し訳ございません。『年報』発行については、刊行時期や編集体制を含めて改革方針を、総会に提案したいと思っております。
　3月末の研究集会（四国学院大学）への参加については、お手数ですが、同封の参加用紙に必要な事項を記入していただき、郵送（FAXなど）してください。メールでももちろんかまいません。宛先は、四国学院大学の佐野通夫さん、です。四国の地でお会いいたしましょう。
　9・11テロからアフガン報復戦争、さらにイラク査察と米英によるイラク攻撃（戦争）の危機。国内では、北朝鮮の拉致問題や朝鮮学校生徒への嫌がらせ、小泉首相の靖国参拝強行、愛媛県における新設中高一貫校での『新しい歴史教科書』の採用決定、などなど。こうした現状に対し、植民地教育史研究はどのようなコメントを行えるのだろうか。しっかり考えていきたいものと思います。（広）

164　研究会のあゆみ

植民地教育史研究

第14号　2003年6月11日

発行　日本植民地教育史研究会
事務局
085-0814　北海道釧路市緑ヶ丘1-10-42
　　　　　釧路短期大学井上薫研究室
TEL 0154-41-0131（代表・短期大学井上を呼び出す）
FAX 0154-41-0322（短大教務課気付）
e-mail　kaorino@midorigaoka.ac.jp
郵便振替　00130-9-363885

新任のあいさつ

私たちがめざすものは「科学」である

佐野　通夫（代表）

　2003年の東アジアにはＳＡＲＳが猛威をふるい、そのために人々の往来、交流までが減っています。病気が国境を越えるように、私たち人間の対応（「医学」）も国境を越えて研究されなければなりません。七三一部隊を持ち出すまでもなく、「医学」研究だからといって決して国家の枠組みから自由であったわけではありませんが、それでもどこかの国で開発された薬はその国の外でも有効です。同じ薬が効くということが、私たちが同じ人類であるということであり、また「医学」が「科学」であるということを物語っていると思います（もちろん、医療制度の問題、経済格差の理由で、その薬を得ることができない、あるいはそもそも経済状態に起因して病気に罹患するという現実は存在します）。
　私たちがめざす植民地教育史研究、それは「歴史学」という立場からとらえられても、「教育学」という立場からとらえられても、あるいは会員の構成からは「言語学」その他の学問からとらえる方もいらっしゃるでしょうけれども、やはり「科学」として国家を越えた存在でなければならないだろうと思います。「科学」であるということは、検証が可能であること、「国家」を越えて通じるということだろうと思います。残念ながら「社会科学」は用語の使い方から始まって「自然科学」ほど「立場性」から自由でないことが現在の状況です。しかし、「一国内」にだけ通用する「論理」とは「科学」でなく神話に他なりません。「科学」研究の途上においては、「誤謬」の存在もあり得ますが、相互の検証によって、その「誤謬」は改められていかなければなりません。私たちが実際に顔を会わせて議論できる時間は限られていますが、この会報、年報、場合によっては手紙、電子メール等の手段を使って、お互いの研究を深めていきたいと思います。私たちの研究が「科学」となっていくために、この２年間途絶えてしまった「国」を越えての共同研究もめざしていきたいと思います。

新任のあいさつ

役割分担を上手にして

井上　薫（事務局長）

　この春から新たに事務局長をさせていただくことになりました、井上薫です。距離と既に引き受けている業務との関係で必ずしも十分な働きは難しいと判断し一旦はお断り致しましたが、多かれ少なかれ皆さんが似たような状況にあられることを思い、前任者の業務を分割、役割の再分担をしていただくかたちで引き受けることになりました。多くは通信手段を介してのかかわりとなりますが、どうぞ宜しくお願い致します。

　この研究会とは、1998年3月の研究集会で初めてシンポジウム報告をさせていただいたことが出会いでした。会の立ち上げ当初は、案内はいただいていましたが、「日本植民地教育史研究会」がいったいどんな目的をもっているのか、何のための植民地教育研究なのか、あまりよくわからず、正直、少し様子を見てみようという考えでした。1998年の研究集会シンポジウムでの報告では、決して充分ではありませんでしたが、植民地支配の美化や弁護ではなく、支配構造の問題を追究する研究の立場だけは明確に出したつもりです。詳しくは「『日本帝国主義の朝鮮に対する教育政策』研究の視座」（『植民地教育史研究年報』第1号、1998年）に譲りますので、そちらを御参照ください。

　何のための植民地教育研究なのかという点では、近年、皆様からもたいへん御心配をいただいた杉本幹夫氏の会員問題について、前年度末に本人の退会という形で決着致しましたのでお伝え致します。なお、退会の経緯については総会でも報告されましたが、概略次の通りです。

　杉本氏は、近著『「植民地朝鮮」の研究－謝罪するいわれは何もない－』で自由主義史観を明確にする主張を行い、あらためてその立場を明確にしました。2月に運営委員会は杉本氏に退会を勧告することを決定、その方法を前代表と前事務局長に一任しました。3月5日、前代表と前事務局長は杉本氏に直接会って「退会」を打診し、杉本氏は退会を了承されました。これによって運営委員会は杉本氏の退会を了承した次第です。

　去る3月の研究集会（今後は、研究大会と改称します）とあわせて開催した研究会総会では、以上のような経緯から研究会の目的（第2条）と入会規程を中心に研究会会則を整備しました。皆様方には「とくに、アジアとの交流を深め、アジアから信を得ることのできる学術的研究をすすめる」（第2条）という趣旨を御理解いただき、今後ますますの植民地教育史研究の深化・発展に御活躍くださいますよう、御協力お願い申し上げます。

日本植民地教育史研究会総会記録（2003年3月）（抄録）

日時：2003年3月29日（土）17時10分～18時42分
場所：四国学院大学6号館625講義室（香川県善通寺市文京町）
出席：会員17名　　陪席：6名

配付資料
・2002年度日本植民地教育史研究会総会議案　・会計関係　・声明関係

議事
1　議長選出
・柿沼秀雄会員を議長に選出した。
2　2002年度活動総括（報告：佐藤広美）
1）2002年研究集会（2002年3/30〜31、於：早稲田大学、通信12号・『年報』5号に記録を掲載）、
2）2003年研究集会準備（2003年3/29〜30、於：四国学院大学、シンポジウム：小沢有作の植民地教育教育論の検討、個別研究・懇親会を企画）、
3）通信12, 13号発行、
4）年報5号発行（3月末）、
5）研究会（第6〜9回；5/18, 7/13, 9/14, 11/30）開催、研究活動ニュース6〜10号発行
6）その他（宮脇弘幸）
・杉本幹夫会員の退会について：以前から問題であったが、杉本氏の近著でも研究姿勢の違いが明確になり、12月の運営委員会で退会勧告を検討した。2月に直接本人と会って、結果的には退会についての了解を得た。
・皓星社について。年報を赤字覚悟で出版してもらっているため、会としては年報5号代金の前払い（会費納入者数分）について協力した。自分達の研究を広めることにもつながるので、身近な図書館での購入など販路拡大に努力していただきたい。
・4）年報へ補足（井上薫）
発行時期の大幅な遅れは、出版社における年報担当者の交代、原稿の遅れによる。
＊1）〜6）を一括、拍手承認。
3　2002年度会計決算報告（三ツ井崇）
・黒字の要因は、会費未納者分の年報代支払いをしていないためで、あまり積極的な意味はない。
・その他に、研究会関係の収支があって独立採算制をとっている。不足が生じた場合に補填することになっているが請求を受けていない。
＊拍手承認
4　2003年度活動方針（佐藤広美）　＜5）新体制、7）予算案を除く＞
・1）研究大会を開催する。2004年3月開催。詳細は未定。東京方面か。
・2）通信を2回発行する。その他、事務連絡を適宜行う。
・3）『年報』第6号を発行する。発行期日を変更する。そのための編集上の改善点を話し合う。また、編集規程および応募要領を整備する。
・3）編集への補足（渡部宗助）：申込締切を5月末、原稿締切を9/15頃を考えている。
・4）3月の研究大会以外に、研究会を開催する（年3回程度）。
・6）研究会ホームページを立ち上げ、管理する。サーバーは皓星社から提供を受ける予定。
5　2003年度会計予算方針（三ツ井崇）
・予算について論議の結果、「大会準備費」を「研究活動費」とし、備考欄に「大会準備費」「等」を加える。
＊（4）および（5）を、一括して拍手承認。
6　「会則」について（佐藤広美）
・会則作成の目的を明示して、「日本植民地教育史研究会会則（案）」を提案。会則作成の目的は次

の3点。
1）会則を明示し、研究団体としての形式を整え、対外的な表明を行う。
2）本会の研究活動の目的を明示する。
3）組織体制、運営方針・方法を明らかにし、研究活動のいっそうの強化発展をはかる。
・意見交換ののち、次の条項3つに追加・修正し、承認した。
＊1　第4条、「承認を得なければならない」を「承認を得る」とし、「退会を希望する場合に届け出る」ことを明記する。
＊2　「付則」の施行期日を、2003年3月29日とする。
＊3　付則の後、「ただし、第13条については、2000年4月に遡って適用する。」を加える。
・なお、研究会名称にある「日本」は不要ではないかという意見に対し、「日本」は対象地域ではなく、会の所在を示すこと。アジアから信を得る責任所在としての「日本」をも示すことが答弁された。
・また、第4条、「会員2名の推薦」の運用は弾力的に行うこと。ホームページなどを用いて事務局で問い合わせを受けられるようにしたいことが示された。
・休会・再入会については、運営委員会で決定し、申合事項として活動方針案に盛り込むことが承認された。
・運営委員会では、「研究会」を「学会」とするかどうかで議論をした。「学会」となると、所属研究機関から旅費の使用が可能になる場合がある。「学会」誌掲載はメリットになる。しかし、いくつか制約も考えられ、動きにくくなる可能性もあるので、今後会員間で議論することとし、今回、名称変更は提案しなかった。

7　「外国人学校卒業生の国立大学入学資格を求める声明」の件（佐野通夫）
・3月6日の文部科学省発表はアジア系学校を除外したもので、これは「凍結」されたとしながら問題は解決されていない。声明文は、排除の仕組みの問題性、その基となる通達が朝鮮敵視政策に基づいていることを主張したもの。
・研究会名で声明を出したい。決議されれば、会員向けには通信で、対外的にはEメールで送信する。
＊語句修正して、承認。

8　新体制・人事に関する件（佐藤広美）
・以下のように提案
　代表：佐野通夫
　運営委員：井上薫、佐藤広美、志村欣一（新）、田中寛、西尾達雄（新）、
　　　　　　弘谷多喜夫、宮脇弘幸
　編集委員：田中寛（長）、桜井隆、佐藤由美、渡部宗助
　研究部：柿沼秀雄、西尾達雄、宮脇弘幸
　事務局長：井上薫
　事務局員：佐藤広美（通信）、佐藤由美（会計・名簿）、三ツ井崇（HP管理）
　会計監査：佐藤尚子
＊提案の通り、承認。
・なお、運営委員会は、会計監査を除いたメンバーで構成する。
・研究部からのお願い（宮脇弘幸）：過去2年、熱心に通信が作られたが、今後は年3回程度としたい。経費節減のため、できれば電子メールと葉書での案内としたい。

　　　　　　　　　　　　　　　　　　　　　　　　　　　　　　　　　以上。

日本植民地教育史研究会会則

第1章　総則
第1条　本会は、日本植民地教育史研究会と称する。
第2条　本会は、日本および欧米諸国がアジアなど世界各地で行った植民地教育支配に関する調査と研究を行うことを目的とする。とくに、アジアとの交流を深め、アジアから信を得ることのできる学術的研究をすすめる。
第3条　本会は次の活動を行う。
　（1）研究大会（年1回）、および研究会の開催
　（2）『植民地教育史研究年報』の発行。編集規程と投稿要領は別に定める。
　（3）通信の発行
　（4）その他の必要な事業
第2章　会員
第4条　本会の目的に賛同し、入会を希望するものは、会員2名の推薦により本会に申し込み、運営委員会の承認を得る。また、退会を希望する場合に届け出る。
第5条　会員は、本会の行う研究大会や事業に参加し、『年報』に投稿することができる。
第6条　会員は、所定の会費を払うものとする。
第3章　組織
第7条　本会運営のため、次の役員を置く。
　（1）代表　1名
　（2）運営委員　若干名
　（3）事務局長　1名
　（4）事務局員　若干名
　（5）『年報』編集委員　若干名
第8条　役員は総会によって選出される。
第9条　役員の任期は3年とする。『年報』編集委員の任期は2年とする。ただし、再任は妨げない。
第10条　総会を毎年開き、会計および一般報告を行い、必要事項を協議する。
第4章　会計
第11条　本会の経費は、会費その他の収入をもって当てる。
第12条　会員は、年会費として4千円を納める。会費を納めたものには、『植民地教育史研究年報』が送付される。
第13条　会費未納が3年続いた場合には、会員資格を失うものとする。

　付則　本規約は、2003年3月29日より施行する。
　　　　ただし、第13条については、2000年4月に遡って適用する。

「外国人学校卒業生の国立大学入学資格を求める声明」の送付について

　私たち「日本植民地教育史研究会」は、1997年3月に発足した植民地教育史研究の研究者100名ほどを有する学会です。本研究会では去る3月29日に開催されました総会において、別紙声明を採択いたしました。貴省の大学入学資格の拡大（「大学入学に関し高等学校を卒業した者と同等以上の学力があると認められる者の指定」の一部改正）に関するパブリックコメントの期間は終了し、貴省におかれては「引き続き検討」との所存のようですが、この問題は別紙「声明」に記しましたように日本の植民地教育政策を反省すべき機会でありますので、本研究会としての意見を表明するために送付します。

外国人学校卒業生の国立大学入学資格を求める声明

　文部科学省は3月6日、次年度から外国人学校のうち、アジア系学校を除外し、英米の民間評価機関の認定を受けたインターナショナルスクール16校に限って大学入学資格を与えると発表した。現在、この決定は「凍結」されたと報じられているが、この決定は、以下に述べるように、朝鮮学校や韓国学園、中華学校などの日本の植民地支配に起因して日本に暮らす子どもたちの学校のみを差別的に排除しつづけようとするものである。
　私たち、日本植民地教育史の研究者は、今回の政府・文部科学省の決定に対して怒りをもって抗議し、すべての外国人学校に平等に大学入学資格を認めるよう求める。

　日本の学校制度は、学校教育法第1条に定められた1条校と、専修学校、各種学校の三系列に分かれている。しかも、専修学校の規定ではわざわざ「我が国に居住する外国人を専ら対象とするものを除く」（学校教育法第82条の2）と定めているため、外国人学校は各種学校としてしか認可されていない。これまで専修学校の高等課程修了者には大学入学資格検定試験抜きで大学入学資格が付与されているが、外国人学校の卒業生は「高等学校卒業者と同等以上の学力があることは認められない」から、日本の国立大学などへの受験資格は認められない、とされてきた。しかし、専修学校高等課程の要件とは、①修業年限が3年以上、②総授業時間数が2800時間以上、③普通科目の総授業時間数が420時間以上であることのみであり、各種学校とされている外国人学校でもすべてこれらの要件を満たしている。上記の学校教育法第82条の2の規定によって、外国人学校は専修学校と認められないだけである。
　一方、「学校教育法施行規則」第68条は、「外国において、学校教育における十二年の課程を修了した者」は、そのままで「大学入学に関し、高等学校を卒業した者と同等以上の学力があると認められ」ている。ここでは、国によって区々である学校の「種別」や、もちろん「教育内容」を問うことなく、教育年限のみを持って受験資格を認定している。文部科学省が排除しようとしている外国人学校は、その故国においては、その国の大学入学資格を認定されているのである。しかし、文部科学省は恣意的に民間評価機関の認定を導入することにより、実体的には朝鮮学校や韓国学園、中華学校などの日本の植民地支配に起因して日本に暮らす子どもたちの学校のみを差別的に排除し、また現在増加しつつあるブラジル人学校を排除しようとするものである。
　このような文部科学省の政策は、「朝鮮人としての民族性または国民性を涵養することを目的とする朝鮮人学校は、我が国の社会にとって……積極的意義を有するものとは認められない」（1965年12月28日・文部事務次官通達）とする従来からの朝鮮敵視政策に基づくものであるといわざるを得ない。
　在日韓国・朝鮮人と在日台湾人は、日本の植民地支配の歴史に起因する存在である。日本の植民地支配は、朝鮮人や台湾人が自らの母語で自らの子どもたちを教育する権利を奪った。そして戦後において

も、民族教育を受ける権利を認めることなく、中でも朝鮮学校に対しては執拗に弾圧を繰り返してきた。
　私たちは、すべての外国人学校に対し、学校教育法第1条の学校に準じた地位を保障することを、政府・文部科学省に強く求めるものである。

2003年3月29日
日本植民地教育史研究会

＜連絡先＞765-8505　香川県善通寺市文京町三丁目2番1号
　　　　　四国学院大学　　佐野　通夫
　　　　　0877-62-2111 内線 309 FAX 0877-62-3932
　　　　　Email：Michio.Sano@ma4.seikyou.ne.jp

研究集会の感想

「踏み台」としての小沢植民地教育論の継承と発展とは

西尾　達雄（鳥取大学）

　今回のシンポジウムは、「小沢有作の植民地教育論を検討する」というテーマで公開の国際シンポジウムとして開催された。提案者の佐野さんから、小沢さんの業績を振り返りながら、小沢さんが植民地教育、民族解放教育、在日朝鮮人運動、大学闘争、部落解放運動、障害者運動、識字運動などへ幅広く関わっていったことを明らかにし、これらが植民地教育論とどのようなつながりを持っているのかを検討するという課題を提示された。シンポジストは、小沢さんに物理的に近い位置にいる柿沼秀雄さんと、小沢さんからは物理的に遠い場所にいる井上薫さんと、韓国から招待された李忠浩さんであった。

　小沢さんに直接指導を受けた柿沼さんは、個人的体験から受けた小沢さんの印象とともに、多面的な小沢教育学の方法意識に共通の視点があることを明らかにし、それを「マイノリティをくぐらせて見るという認識の方法」であると指摘している。また、このような方法意識が「日本から出発してAALaを回路して日本にもどる」という強い課題意識と不可分のものでもあったことを示している。

　井上さんは、まず、確かに直接的な指導はなく、物理的には遠いが、「心情的第一世代」という意味での方法や課題意識は共通することを指摘している。にもかかわらず、資料実証的な方法での物足りなさを指摘し、政策研究の詳細な分析を自分の課題にしていることを明らかにした。

　李忠浩さんは、自ら韓国人学校で在日韓国人を指導する中で、小沢さんの『在日朝鮮人教育論　歴史編』に出会い、その内容に感銘を受け、これを『在日朝鮮人　教育の歴史』として翻訳出版することになった経緯について報告された。

　私は、三人のシンポジストの報告を聞いて、距離的な遠さや方法的な違いよりも、小沢さんの方法意識や自国の現実から出発してそこへ戻るという課題意識でも共通する側面があると感じた。その意味では、小沢さんの植民地教育論を継承発展させるという方向性が示されたように思う。しかし、時間的な制約から、十分な議論が展開できず、小沢氏の植民地教育論の成果と課題は、不消化のまま残されたよ

うに思う。また、「教育論」と「教育学」と「教育史」の関係についての共通理解がなく、「論」「学」「史」の成果が錯綜した感じを受けた。

その点で当日渡部さんから参考資料として配られた中野光氏の書評・小沢有作著『民族教育論』（教育学研究第36巻第3号1969年）は、小沢さんの成果と課題をその後どのように発展させてきたかを検討する資料になるのではないかと思った。中野氏は、同書が当時の教育学研究者に「民族の問題を教育においてどう考え直すか、という課題」に「蒙を啓く」役割を果たしたことを指摘し、次のような成果と課題を指摘している。まず成果として、一つは、「日本国民のゆがめられたアジア認識」、いわゆる「脱亜」の思考形態や「大国主義の意識」がどのようにつくり出されたかを明らかにしたこと。もう一つは、「帝国主義による対外教育政策と対内教育政策とのあいだの有機的な関連」を追究したこと。そしてさらにもう一つは、「黒人の自由と解放の闘いの中にこそ真の民主主義が存在していること」を明らかにしたことなどである。こうした成果は、帝国主義の時代における教育政策を披抑圧民族ないし差別された人民の立場から告発するものであったということ、アジア・アフリカの諸民族との真の連帯を志向する立場からさぐりあてられたものであったということ、そして、日本の教育史、教育学研究に対する重要な問題提起の書であったということである。また、いわゆる「近代化論」の立場から行われる教育の史的分析の限界とあやまりを具体的かつ適確に示したこと、本国の子どもに対するヒューマンな感情と民族的差別を公然と容認する意識構造の矛盾を示した大正自由教育や昭和の教育科学研究が帯びざるをえなかった階級的性格をあきらかにするうえでの重要な発言であったこと、同様なことは、イギリスにおいてもアメリカにおいても内在していたはずであり、まさしくそのような事実こそが『近代』教育に固有な歴史的性格を示すものであったということである。

このような成果を踏まえて、教育史の課題として次のような点が指摘されている。一つは、在朝日本人教師上甲米太郎らの実践以外の実践や理論をさらに一そう堀りおこしていくこと。もう一つは、イギリスの植民地教育、アメリカの黒人教育の歴史の中に帝国主義勢力と闘った事実の解明とその論理の解明であり、さらにもう一つは、中国の教育研究の重要性とヴェトナム・インドネシア等の民族独立闘争と教育との関連の分析の必要性などである。中野氏は、こうした研究課題を明らかにしたあと、最後に、小沢氏によるこの業績は長い期間にわたって一つの重要な踏み台の役割を果していくにちがいないと指摘している。

今日、欧米の植民地教育史研究やアジア諸地域の植民地教育史研究などが進展してきていると思われるが、それらの成果の中でこの「踏み台」をどのように深め発展させてきたのかを相互の批判や修正を含めて再検討していく必要があるのではないかと思った。

50年ぶりの四国にて、40年間を振り返るの記——国際シンポジウム参加記

芳賀　普子（一橋大学大学院）

四国は善通寺の「四国学院」での研究会集会に参加させて頂いた。国内線飛行機搭乗では二度目（約40年ぶり、教科書会社に就職した年以来）で、四国は同じく二度目（約50年ぶり、小学校の修学旅行以来）である。私が就職した翌年は、家永教科書検定違法訴訟があり、私の歴史認識は、ひどいものであることに気付き始めた時である。そんな昔を思い出して高松空港へ。早く着きすぎて時間があったのに、開催準備作業のお手伝いもしない気の利かない私でした。学会とは無関係の所（学会では、今も植民地教育史研究会が唯一

の所属）で、専門書も知らないまま、朝鮮関係の本があれば手にして、日本植民地教育とその後を考えてきた者として、私事に収斂する文を敢えて書かせて頂く。

「小澤有作の植民地教育論を検討する」は、公開国際シンポジュームとして、主催者＝お世話役の努力に思いを馳せざるを得ないものであると同時に、私個人の、これまでを再確認して考えることができるものだった。その事を述べさせて頂きたい。

柿沼先生の報告始めの部分、「それ（近代日本の教育は、"他民族抑圧をその本質のひとつとする帝国主義という政治的立場がもとめる教育事業"としてなったこと）が見えなかったし、今でも見えずにいるのは何故なのか？という問いは私たち当時の学生にとって衝撃であった」はその衝撃を完全に分かち合える。学生を終えた私も、「何故、今も見えずにいるのか？」との問いを自分に課したのが、その時期——柿沼先生が大学入学後激動するアジアの動きそのままを取り上げる小澤先生の授業で『民族教育論』も読まれた時期——であり、その問いを自分に課した瞬間を、今も思い出すのである。

長い間、40年近く！植民地支配を考え始めたにしては、全然たいしたことないな、と自分でも思うが、事実なのだ。その後私は、ささやかな朝鮮史学習会を、社会人たちで作り、『民族教育論』の報告を聴いたりする。小澤『民族教育論』といえば、先ほど述べたように専門書をろくに知らなかった私の唯一の専門書であった。「アジア、アフリカ、ラテン・アメリカ教育研究」に「廻り道」をした、との小澤先生の言を受けての柿沼先生の報告は、決して廻り道でないどころか、これからの私達のこの研究会が、どのように研究の枠組みを考えていくか、の問題に不可欠な研究であったことをわからせてくれる。会報第１号の「植民地教育史像の再構成」を追究し「世界教育史像のとらえなおし」まで立体的に進めていくためにも…。私の研究分野である朝鮮も、日朝関係史だけからでなく、国際関係からのとらえなおしをしたい、と以前から考えている。第二次大戦後、大国（帝国）がどのように再編成されて、それまでの植民地がどのような教育問題の過程をたどっていっているか、の大枠を持ち、小澤先生のように、教育の本質を問い続けながら、私なりの小枠組みで、是非、永年の問題意識を論文に書いていかなくては。

井上薫先生の報告も、教育史研究の手法が私には参考になった。報告末尾で高賛侑氏の「共生論」が挙げられた。高賛侑氏とは彼が在日朝鮮人総連合会文学芸術家同盟の専従であった時、知り合いである。かって、「祖国統一」に賭けていた彼が、ロスのコリアタウンに滞在して書いたことが、このような場所の報告に登るのは、面白い。いや、それこそ、「国際シンポジウム」にふさわしいのかもしれない。しかし、彼の統一問題から、米国の共生論に至る道筋には、もう少し私たちの検証が必要ではないか？　米国と日本社会の違いの問題も含めて…。

李　忠浩氏の発表は、国際シンポジュームに華を添える面白いもので、李先生のお人柄ともあいまって、暖かい感動が会場を満たした、と思う。厳しい朝鮮南北分断状況も、私個人朝鮮半島への関心の出発点であっただけに、直に李氏の講演を聴くと、ご本人の意図を超えてしまうぐらい、教育史研究が政治の規制を受ける事実がすごい重みをもってわかる。ここでも、小澤先生が「民族共生教育の実現としての解決策」として書かれた「戦後50年と朝鮮学校」が、翻訳本に「附録」として編集されたという話が出た。

シンポジウムでの「共生教育論」は世界教育史像のとらえなおしと、結びついている。少なくとも、この学会に集う私達にとっては…。私にとっては、生易しい課題ではない。
流行りの共生論ではなく、植民地教育史研究からの共生論は、今後非常に重要な位置を占めることができそうである。

第二日目、飛行機出発まで時間あり、独りで「栗林公園」へ。小学校の修学旅行で撮った写真と同じ場所に立って思った。修学旅行参加が危ぶまれるほど、病弱だった私が、再びこの場所に立ち、決意を新たにしようとは…、と。研究集会に参加したおかげである。皆さんも、これからの集会に参加して頂きたいと思います。きっと、いいことありますよ。

　　　修士論文「戦後日本における朝鮮語学習にあらわれた若干の問題について——1950年代を中心に」

『植民地教育史研究年報』編集要綱と投稿規程

1. 編集要綱

（1） 本誌は、日本植民地教育史研究会の機関誌であり、年1回発行する。
（2） 本誌は、本研究会の会員または非会員による研究論文および研究集会のシンポウムの報告、研究の広場、書評、編集者自身による資料紹介などを掲載する。ただし、研究論文は会員に限る。
（3） 原稿の掲載は、編集委員会の審査により決定する。編集委員会は編集委員長1名のほか、編集委員若干名をもって構成される。任期は原則として2年、再任を妨げない。総会時に承認を得る。
（4） 編集委員会は原稿掲載の可否を審査するにあたり、委員以外の会員または非会員に意見を求めることができる。論文の審査は当研究会発足時の「呼びかけ文」にある趣旨を尊重して行う。
（5） 毎号の頁数は200ページ前後を原則とする。（第6号以降）
（6） 編集委員会はシンポジウムの報告、方法論の広場、書評などの原稿執筆を会員または非会員に依頼することができる。
（7） 本誌は特集を標題とする単刊体裁とし、機関誌名「植民地教育史研究年報」を副題に入れる。特集に見合った「帯」を表紙カバーにつけることもある。
（8） 原稿執筆者（依頼原稿も含む）には原稿料は支払われない。抜刷は30部以上の10部単位で実費とする。
（9） 執筆者による校正は一度（初校）限りとする。校正時の大幅な修正は原則として認めない。
（10） 原稿は日本語によるものとする。

（6号から適応、2003.3.13. 運営委員会、編集委員会にて一部改正）

（2003.3.29. 総会にて承認）

2. 投稿規程（第6号について）

2003年12月発行予定の第6号の研究論文、書評、方法論の広場、編集者自身による資料紹介、旅の記録の原稿を募集します。下記の規程にしたがい、ご応募ください。

（1） 応募される方は<u>2003年7月末日までに</u>、はがきにて
研究論文、書評、方法論の広場（研究ノート）、調査紀行報告、などの種類、
表題（仮題可）および四百字詰原稿用紙にして予定枚数
を、下記までご連絡ください。
連絡先
〒353-0005
埼玉県志木市幸町1-7-17　田中　寛
Tel.&Fax 048-471-2857

（2） 原稿提出の締切り：<u>2003年9月30日（厳守）</u>
期日を越えたものは次号送りに、また原稿枚数の超過のものは分割掲載、または分量削減をお願いすることがあります。提出先は（1）に同じ。
（従来、出版社としていましたが、事務処理の迅速化のため、編集委員長宛としました。着後、皓星社と連携をとりながら進めて行きます）

（3）　原稿（図表含む）は四百字詰め原稿用紙換算でそれぞれの枚数を目安に明記のこと。
　　　　研究論文　　　　　　　　　　　　　　５０枚
　　　　研究動向（方法論の広場）　　　　　２０枚
　　　　書評、調査紀行報告、資料紹介、旅の記録　各１５枚
　（4）　原稿は３部提出してください（ﾜｰﾌﾟﾛ入力を原則とし、ﾌﾛｯﾋﾟｰを添付。原稿は「ﾘｯﾁﾃｷｽﾄﾌｧｲﾙ」又は「ﾃｷｽﾄﾌｧｲﾙ」形式、10.5ﾎﾟｲﾝﾄ、40字X40字仕様による。Ａ４横書きでﾌﾟﾘﾝﾄｱｳﾄし、ﾅﾝﾊﾞﾘﾝｸﾞを記入のこと）。また、別紙１枚に英文表題のほか、執筆者名、所属、プロフィール（専門、近年の著作物等簡潔に）、連絡先（住所、電話番号、e-mail）を付記してください。
　（5）　投稿論文は原則として未発表論文に限ります。他誌との二重投稿はお避けください。
　　　　ただし、ｼﾝﾎﾟｼﾞｳﾑ等での口頭発表および配布資料はこの限りではありません。
　（6）　抜刷は投稿または校正の際に申し込み、その費用は執筆者の実費とします。

　　　　刊行期日を遵守するため、ご協力を重ねてお願いします。
　　　　原稿をお待ちしています。

「資料紹介」欄

書名：台湾総督府発行(大正4-5年初版)　『蕃人讀本』巻１－４及び『編纂趣意書』合冊復刻
　　　　　　　　　　　　発行所：粒粒舎
　　　　　　　　　　　　編者：笠榮治・陳　淑瑩
　　　　　　　　　　　　価格：￥３５００
　　　　　　　　　　　　購入先：笠榮治
　　　　　　　　　　　　〒814-0113福岡市城南区田島1-3-17
　　　　　　　　　　　　TEL（FAX）：092-831-3989
　　　　　　　　　　　　注文方法：上記住所に直接FAX注文する。
　台湾研究者にとっても他の地域研究者にとっても比較研究する意味で大変貴重な資料の復刻です。

編集後記
　はじめて東京の地を離れて、研究集会を開きました。四国学院大学の佐野通夫さんには大変お世話になりました。参加人数が少し心配でしたが、30名を越える（？）参加を得ました。従来と大きな違いはありませんでした。シンポジウムや個別発表、それぞれに充実した研究に触れることができたと思います。西尾さん、芳賀さんの感想をご覧ください。夜の交流会も印象に残りました。夜遅くまでお喋りできるのはやはり「温泉型（旅館型）」研究集会の強みです。善通寺のある町並みとともに思い出に残る研究集会になりました。
　新しい運営委員会体制になりました。前代表の宮脇弘幸さん、ご苦労様でした。かなり面倒な問題が続発して、やや大変でしたが、上手に切り抜けていくことができたように感じています。ありがとう存じました。
　新代表の佐野さん、事務局長の井上さん、巻頭のあいさつ文、ありがとうございます。運営委員みんなで、力を合わせて、協力していきます。じっくりとあせらずに。時代の動きに敏感に対応できますようご指導お願いします。また、会員のみなさまのいっそうの研究の発展をねがって。（広）

2002年度会計報告（2002年3月30日〜2003年3月28日現在）

収入		
前年度繰越金	67,360	2002年度会費前納分（2,000×2＋4,000×4＝20,000）を含む
第5回春の研究集会参加費	28,500	500×7＋1,000×25
懇親会費（徴収分）	51,000	3,000×17
2000年度会費	2,000	2,000×1
2001年度会費	36,000	4,000×9
2002年度会費	158,000	4,000×39＋2,000×1（大会時新入会3名分含む）
2003年度会費・前受け分	5,000	1,000×1＋4,000×1
第6回春の研究集会準備金	200,000	四国学院大学よりの補助金
計(a)	547,860	

支出		
第5回春の研究集会懇親会	51,000	3,000×17
第5回集会報告者交通費	5,000	
第5回春の研究集会会場費	11,550	早稲田大学
年報代（第4号分）	28,000	皓星社、2,000×14（うち第5回集会時購入分2,000×9冊）
年報代（第5号分）	90,000	皓星社、2,000×45
編集費	20,000	
会議費	11,872	運営委員会会場費等
通信費	14,650	切手代
消耗品代	3,465	文具等
人件費	10,000	発送作業アルバイト代（5,000×2）
雑費	244	郵便振替料金等
計(b)	245,781	
次年度繰越金(a)－(b)	302,079	

会費納入率　44.5÷102＝0.4362…（約43.6％）

2003年度予算

収入		
前年度繰越金	302,079	
会費（2002年度未収分）	82,000	4,000×20＋2,000×1（20.5人）
会費（2003年度分）	235,000	4,000×58＋3,000×1（59人）
第6回春の研究集会参加費	22,500	500×15＋1,000×15（30人）
第6回春の研究集会懇親会費	100,000	5,000×20（20人）
計	741,579	

支出		
通信費	15,000	
印刷費	10,000	
編集費	25,000	
人件費	10,000	
消耗品費	10,000	
年報代（第5号）	40,000	2,000×20
年報代（第6号）	120,000	2,000×60
第6回春の研究集会	200,000	会場費・報告者旅費等
第6回春の研究集会懇親会費	100,000	
研究活動費	190,000	大会準備費、研究会活動費補填分、ホームページ管理費等
雑費	21,579	予備費
計	741,579	

※　2003年度会費納入見込み　60÷101＝0.5940…（59.4％）

編集後記

　編集委員会を代表して編集後記を執筆させていただくことになり、どんなことを書こうかと、これまでの『年報』の編集後記を読み直してみました。『年報』4号の編集後記では、佐藤広美さんが「本『年報』の刊行もまた、いくつかの諸事情が重なって遅れてしまいました。……」と切り出されています。『年報』5号でも、同じく広美さんが「……本誌の刊行が大幅に遅れたことをお詫びしなければなりません。……今後、このような遅れがないよう深く反省し、いくつかの改善点を運営委員会で話し合いました。」と、また、頭を下げられています。『年報』の刊行というのは毎年、遅れがちなのですね。そして「諸般の事情」というのも付き物なのだと思います。『年報』6号も同様でした。

　『年報』6号は、運営委員会で話し合われた2点の改善点を引き受けるべく、編集作業に取り掛からなければなりませんでした。まず、刊行の時期を大幅にずらして、春の研究集会の開催に合わせて刊行し、研究集会の会場で、前回研究集会の記録を載せたものをお渡しすること、次に、企画・編集に関する検討を慎重かつ丁寧に行い、編集委員会の役割・責任の内容をより明確なものにしていくことです。結果を申しますと、1点目の約束は何とか果たせそうですが、2点目は来年度への課題がまだまだ残っています。

　『年報』6号の編集作業は、執筆者からの原稿の受け取りや出版社との連絡など作業の前半を、田中寛編集長が孤軍奮闘で頑張ってくださいました。その後、諸事情でしばらくの間、中断しましたが、今年1月に入って編集作業を再開しました。再開後は、田中編集長が在外研究に出発されることもあり、偶々上京中であった佐野研究会代表も巻き込んで、残りの編集委員（桜井隆、渡部宗助、佐藤由美）で仕事を分担しあって進めて参りました。本当に短期間に皆が時間と力を出し合ったことになります。

　心密かに感動しているのは、校正原稿がいつ来るのかとずっと気を揉んでいらっしゃったはずの執筆者の皆さまが、すぐに校正原稿を戻してくださったり、メールに対する返信を必ずくださったり、研究会の一員として常に協力的な姿勢で臨んでくださったことです。そして編集者の原島峰子さんをはじめ皓星社のスタッフの方々が、連日、深夜まで『年報』6号の完成に向けて編集作業を続けてくださいました。そんな皆さまに心から感謝申し上げます。

　最後になってしまいましたが、『年報』6号には、戦後の植民地教育史研究の布石を敷いたおひとり、故小沢有作先生の特集「小沢教育学の遺したもの」のほか、個別論文やオーラルヒストリーの記録類など興味深い論稿が掲載されています。どうぞ、読み味わっていただき、会員間の研究上の交流がますます豊かになりますように願っております。

（佐藤由美）

補遺

『植民地教育史研究年報04　植民地教育の支配責任を問う』収録の鄭在哲論文「韓国における日帝植民地時代教育史研究動向」の訳者は佐野通夫氏です。前号に明記しそびれましたので、本号に付記します。

著者紹介

佐野通夫
四国学院大学教員。1954年生まれ。『アフリカの街角から』（社会評論社、1998年）『近代日本の教育と朝鮮』（社会評論社、1993年）『〈知〉の植民地支配』（編著、社会評論社、1998年）。

井上　薫
釧路短期大学。1962年生まれ。研究分野は、日帝下朝鮮における教育政策、日本語強制。

柿沼秀雄
國學院大学教員。1947年東京生まれ。遅々として進まないアフリカ教育史研究と教員養成がライフワーク。論文「イギリス委任統治期タンガニーカの植民地学校史」（『國學院大學教育学研究室紀要』26・27号）、「ニヤサランド『摂理産業宣教団』考」（『國學院雑誌』99巻12号）、共著『現代中国と華僑教育』（多賀出版）など。

李忠浩
大韓民国教育人的資源部教育課程政策課。専門は韓国植民地教育史。最近の著作物に（『植民地時代韓国医師教育史研究』図書出版慧眼、1998年）がある。

北川知子
関西福祉科学大学高等学校教諭。1992年3月大阪教育大学修士課程修了（国語科教育学）。「朝鮮総督府編纂『普通学校国語読本』の研究」大阪教育大学修士論文（1992）。「朝鮮民話教材化に関する一試論」『青鶴』第6号（KMJ研究センター紀要、1993）。「朝鮮総督府『普通学校国語読本』の研究——実業的教材（稲作）について」『国語教育学研究誌』第23号（大阪教育大学国語教育研究室、2003）など。

芳賀普子
一橋大学大学院言語社会研究科博士後期課程。1941年生まれ。教育政治史、朝鮮現代史専門。

菊池優子
ケープタウン大学人文学部教育学科博士課程。
現在の研究内容：教育行政・政策、テクニカル・カレッジの再構築、インフォーマル・セクターの教育
修士論文： "Contradictions in Policy and Implementation of Adult Education and Training : Unifying the System or Accommodating Diversity?" (2001, University of Cape Town , Cape Town/SA)

白柳弘幸
玉川大学教育博物館。専攻・日本教育史（近代）、台湾教育史。

樫村あい子
一橋大学大学院社会学研究科地球社会専攻博士後期課程1年。歴史社会学・教育社会学専攻。

佐藤由美
青山学院大学非常勤講師。教育学・日韓近代教育史専攻。『植民地教育政策の研究【朝鮮・1905-1911】』（龍溪書舎、2000年）など。

渡部宗助
国立教育政策研究所員。1940年山形県生まれ。日本近現代教育史。
『日本植民地教育史研究』（編著、国立教育研究所、1998年）『日中教育の回顧と展望』（編著、国立教育研究所、2000年）『教育における民族的相克』（共編、東方書店、2000年）、『教員の海外派遣・選奨政策に関する歴史的研究—1905年～1945年』（著、国立教育政策研究所、2002年）。

CONTENTS

Introductory Remarks .... Editorial Board . . . 3

Feature : Ozawa's contribution to pedagogy

From the symposium of the sixth annual conference, a review of Ozawa's colonial education theory .... SANO Michio . . . 6

A review of Ozawa's colonial education theory : Focusing on education in Korea under Japanese imperial rule .... INOUE Kaori . . . 7

Notes on Ozawa's discourse of colonial education
.... KAKINUMA Hideo . . 17

On translating Ozawa's "History of Korean education in Japan" into Korean
.... LEE Choong-Ho . . 25

Articles

Children's daily life as presented in "Chosen Tokuhon", Japanese language textbooks
.... KITAGAWA Tomoko . . 34

The inter-ethnic issues of the "Tokyo metropolitan Korean-school": A turning-point of post-war Japanese education history .... HAGA Hiroko . . 53

Education reform in the transition to democracy in South Africa 1994-2003: Issues and limits of education .... KIKUCHI Yuko . . 91

Reports of visits to former colonies

The epitaphs in in Tainan in "Shushin" [moral education] textbooks in Taiwan
.... SHIRAYANAGI Hiroyuki . 118

"Experiences", "memories" and "adoration" in Singapore: From the field notes of old students in Japanese school during W.W.2
.... KASHIMURA Aiko . 124

Research-in-progress-corner

A note on the methodology and description of historical studies of colonial education: Influenced by MERA Seijiro's "Seeking a historiogrphy and teaching methodology of alternatives and reconciliation " .... SATO Yumi . 132

Book Reviews

NISHIO Tatsuo : Research on physical education policy in Korea under Japanese colonial rule .... INOUE Kaori . 142

TAKENAKA Kenichi : Dalian schools with acacia trees in full foliage: Testimony against Japanese colonial education .... WATANABE Sosuke . 149

A brief history of the Japanese Society for Historical Studies of Colonial Education-Newsletter No.13, 14 158

Editor's note 176

Contributors 177

＊英文校閲：宮脇弘幸

植民地教育史研究年報　第6号
Annual Reviews of Historical Studies of Colonial Education vol.6

植民地教育の残痕
Emotional scars from Japanese colonial education

編　集
日本植民地教育史研究会運営委員会
The Japanese Society for Historical Studies of Colonial Education

代　　表：佐野通夫
運営委員：井上　薫・佐藤広美・志村欣一
　　　　　田中　寛・西尾達雄・弘谷多喜夫
　　　　　宮脇弘幸
事務局長：井上　薫
事務局員：佐藤広美・佐藤由美・三ッ井崇
第6号編集委員会：田中　寛・桜井　隆
　　　　　　　　　佐藤由美・渡部宗助
事務局：釧路短期大学　井上薫研究室
〒085-0814　北海道釧路市緑ヶ岡1-10-42
TEL　0154-41-0131（代表）
FAX　0154-41-0322（教務課気付）
E-mail:kaorino@midorigaoka.ac.jp
郵便振替　00130-9-363885

発行　2004年4月9日
定価　2,000円+税

発行所　株式会社皓星社
〒166-0004　東京都杉並区阿佐谷南1-14-5
TEL 03-5306-2088　FAX 03-5306-4125
URL http://www.libro-koseisha.co.jp/
E-mail:info@libro-koseisha.co.jp
郵便振替　00130-6-24639

装丁　藤林省三
印刷・製本　恵友印刷㈱

ISBN4-7744-0359-8 C 3337

新刊
「満州」オーラルヒストリー
〈奴隷化教育〉に抗して

斉 紅深 編著／竹中憲一 訳

「満州国」14年間における教育の実態を、中国人の膨大な〈証言〉から浮き彫りにする労作。教育史・近代史・アジア史の一級資料、中国に先がけて刊行。

A5判・上製・532頁　定価5,800円＋税
ISBN4-7744-0365-2 C0022

既刊
「皇国の姿」を追って

磯田一雄 著

満洲で行われた教育の実態を教科書から追究する、教育文化史研究のひとつの到達点。富山太佳夫氏絶賛の書。

A5判・上製・424頁　定価4,000円＋税
ISBN4-7744-0241-9 C0037

植民地教育史研究年報シリーズ

01　植民地教育史像の再構成
植民地から日本近代の教育を捉えなおす。記念すべき年報第1号。
ISBN4-7744-0204-4 C3337

02　植民地教育史認識を問う
植民地という他者からの視線を取り入れた新たな問いかけ。
ISBN4-7744-0233-8 C3337

03　言語と植民地支配
植民地教育と言語の関係性を追究。「朝鮮総督府編纂教科用図書刊行目録稿」収録。
ISBN4-7744-0302-4 C3337

04　植民地教育の支配責任を問う
『新しい歴史教科書』（新しい歴史教科書をつくる会編）批判を軸に教科書問題を再検討。
ISBN4-7744-0312-1 C3337

05　「文明化」による植民地支配
植民地支配において「文明化」が果たした役割とは何だったのか。
ISBN4-7744-0329-6 C3337

＊各巻　A5判・並製　定価2,000円＋税